HIPGNOSIS

EL MISTERIOSO MUNDO DE LA MENTE

ZEIM

HIPGNOSIS 1

HIPGNOSIS 2

ÍNDICE

HIPGNOSIS 4

EL UMBRAL

El joven se llamaba Neocadio Cortés; su nombre no le simpatizaba del todo, por lo que él prefería que lo llamaran Nio. Desde su niñez se caracterizó por ser un niño inquieto, tenía una mirada profunda y expresiva. Era diferente al resto de niños y él lo intuía; especial le decían muchos con un atisbo de sarcasmo. Otros más atrevidos y escarnecedores, lo llamaban: subnormal, retrasado, mongólico, y todo tipo apelativos desdeñosos. Todo mundo a su alrededor parecía descalificar sus facultades mentales con un lenguaje peyorativo; esto menoscababa su amor propio. No obstante, un ímpetu parecía azuzar su ego con arrogancia, que lo impulsaba a sobresalir en lo que se proponía, a pesar de las adversidades.

Era el primogénito de una madre soltera, muy pobre, por lo que tuvo una niñez muy agitada, convulsa y llena de precariedades. Todo esto dio lugar a un sinfín de eventos que marcarían su vida. Por un lado, su estilo de vida austero lo fue dotando de sagacidad y por otro, lo fue llenando de temores. Desde muy temprana edad empezó a tener sueños un tanto extraños; los cuales guardaba celosamente consigo, gracias a la inefable memoria onírica con la que fue dotado desde los primeros días de vida.

Un día, mientras dormía, comenzó a sentir un cosquilleo que recorría por su mano sutilmente. Era como si pudiera sentir que algo se deslizaba por su brazo, desde la punta de los dedos. Cuando aquel hormigueo le llegó hasta el hombro, dormido aún, su inconsciente lo hizo comprender que algo no iba bien, por lo que decidió despertarse. El susto que se llevó al abrir los ojos fue poco más que terrorífico. Un escalofriante alarido surcó su garganta al darse cuenta que lo que recorría su cuerpo, en realidad era una serpiente. No paso más que un estremecimiento antes de percatarse que aquel reptil no estaba solo; ya que la cama estaba infestada. Inmediatamente intentó bajar de su lecho para salir del cuarto en el que dormía, con la idea de ponerse a salvo. Para su sorpresa, vio que las serpientes estaban dispersas en el piso, por todos lados. Algo desconcertante sucedía; por una insólita razón al caminar entre ellas no las pisaba porque se apartaban, como si algo en la planta de los pies del chico las repeliera para abrirse paso.

Aquel repelente no impedia que al caminar entre los reptiles, estos trataran de reptar por su cuerpo. El chico al tiempo que avanzaba buscando escapar de aquella situaciónn, se deshacía de los animales, agitando sus extremidades con violencia. Al aproximarse a la salida, vio como estas se volvían planas con el fin de ingresar a la habitación por todas las hendiduras de la puerta, una vez dentro, recobraban su forma y tamaño. Al salir, miró que la situación afuera no parecía ser mejor. Luchó sin tregua contra aquellos animales, aquella batalla lo tenia tan exhausto que por momentos llegó a sentir que no podía más. Cuando sentía que iba a desfallecer, entre gritos, finalmente logró salir y ponerse a salvo; gracias a que por algún motivo aún más insólito, los reptiles no podían cruzar la calle; era como si una barrera invisible lo impidiera.

Invadido por el miedo y el agotamiento, se recostó en el pavimento de la calle con la esperanza de que alguien acudiera a su auxilio; a pesar de que el lugar lucía desolado. Permaneció acostado en la calle; sin darse cuenta se quedó dormido. Súbitamente despertó y para su sorpresa, se encontraba en su cama. Un suspiro muy hondo insufló sus pulmones, al tiempo que susurró para sí: ¡qué susto, menos mal que solo se trató de una pesadilla! Se dispuso a desayunar. Aún se encontraba inquieto por aquella inexplicable expectativa siniestra que sentía a causa de aquel sueño premonitorio.

A su muy corta edad, no era capaz de comprender ni mucho menos descifrar aquel exraño sueño, el cual parecía augurar una vida llena de obstáculos y dificultades. Lo único que aquel niño tenía claro, era que debía mantener aquel sueño en secreto; de lo contrario su fama de subnormal se acrecentaría. A la habilidad de ser un soñador lúcido se le sumaba una impresionante capacidad cognitiva. Aquel niño, desde que era un bebé de cuatro meses empezó a mostrar arrogancia; le arrebataba la cuchara a quien intentara darle de comer. Incluso en su familia le hacían chiste, por haber aprendido a caminar a los nueve meses de edad; le decían entre risas que como era un niño muy feo, nadie lo quería cargar y que por esa razón se vio obligado a caminar. Cuando ingresó a la primaria, a los seis años de edad, ya había aprendido a leer, con ayuda de su madre y gracias a una vieja Biblia que su madre tenía; la cual era su única posesión, después de su ropa. Su primer año escolar fue un completo desastre; gracias a la inestabilidad emocional y económica de su familia monoparental, en ese año se mudaron de domicilio cuando menos ocho veces; razón por la que reprobó su primer grado escolar. El siguiente, fue una calca del año anterior. Por fin, después de dos años repitiendo el primer grado, su madre emigró y el chico logra establecerse en un hogar fijo.

Un día la directora y las maestras de primero, segundo y tercer grado, de su última escuela, se reúnen con el objetivo de aprovechar la capacidad cognitiva de aquel chico. Su actual maestra les explica a las demás que aquel niño tenía la aptitud para cursar el tercer grado. Después de tener una largo debate, finalmente tomaron una determinación; la maestra de segundo grado, le haría un examen de aptitud, con el propósito de corroborar las afirmaciones de su maestra y así ascenderlo al tercer grado, si lo aprobaba. A pesar de aprobar con éxito su examen, las maestras llegaron al consenso de pasarlo a segundo grado, por su mala letra; un estigma que lo acompañaría el resto de su vida, ya que no le gustaba escribir, motivo por el que nunca mejoró su letra.

Al fin, la vida parecía haber dejado atrás su ensañamiento con el chico, finalmente alguien creyó en él y pudo apreciar su capacidad. La vida parecía sonreírle por vez primera. Al chico le sobrevinieron años de bonanza. No obstante, su tutora; una tía de su madre, era casi analfabeta, no había asistido a la escuela, había aprendido a leer y escribir con limitaciones, lo mismo le pasaba con las matemáticas. Por lo que al chico le tocó crecer sin una guía que explotara su potencial. Aquel niño vivía envuelto en todo tipo de problemas, ya que no había quien lo aconsejara.

Su tía abuela, tenía un trabajo precario; se dedicaba a vender prendas de vestir, confeccionadas en talleres de costura muy modestos. Trabajaba de cinco a seis horas por día, por lo que algunas veces, tenía que trabajar seis días a la semana. A pesar de ganar poco o nada cada día, aquella señora vivía en paz consigo misma. Había aprendido a conformarse. Cuando no tenía dinero, pedía crédito en la tienda de abarrotes de su vecindario y pagaba cuando podía. La vida de aquel niño era en su totalidad, solitaria; por las mañanas en la escuela, dónde no tenía amigos; en la tarde al regresar a su modesta vivienda, su tía ya no estaba.

El chico elucubraba acerca de su propia existencia; qué era de él antes de nacer, por qué nació, qué le depararía el futuro, si venía con una misión a esta vida, ¿cuál era esta? También divagaba pensando en la existencia de Dios y el universo; ¿que había antes que existiera el universo? o ¿quién había creado a Dios? Estas y muchas otras interrogantes merodeaban la inquieta mente del chico, sin que él pudiera exteriorizar todos aquellos pensamientos, ya que las pocas veces que lo hizo, sintió el desconcierto de los demás.

Definitivamente, la vida de aquel niño había cambiado de un modo abrumador. La vida llena de carencias ahora formaba parte de un pasado trágico y destinado a ser olvidado. El chico a pesar de la mejora sustancial en su vida, aún seguía conservando su timidez; hasta que un día, un chico que siempre hacía escarnio con su persona, le dio unos golpes en la cabeza; como de costumbre. Cuando otros niños se acercaban a preguntarle el motivo por el que escarnecia al tímido niño, su respuesta era tajante: no me simpatiza por idiota; decía con desprecio en su mirada. Según él, era injusto que él hubiera reprobado su año escolar, mientras que el otro chico avanzó a tercero; después de haber recibido ayuda para cursar el segundo grado.

No obstante, en aquel día los papeles se iban a invertir: una fuerza desconocida hasta aquel momento lo poseyó, y sin razonar ni medir las consecuencias, le dió un sendo puñetazo en la cara, tirándolo al suelo y provocándole una hemorragia nasal. Aquel malón se levantó llorando, lleno de lodo y ensangrentado. Aquella violenta acción le saldó el respeto y admiración de los chicos débiles, que usualmente eran abusados por aquel abusador. Por otro lado, también le abrió camino entre los abusadores. Así fue como aquel humilde niño, se convirtió en un chico déspota. Aunque los ataques por parte de la sociedad no cesaban, él desarrolló una armadura emocional; abusando de los abusadores. Poco a poco, se fue volviendo cada vez más a la defensiva, y uno de los mecanismos de defensa que adoptó: fue el escarnio hacia los demás.

A los doce años de edad, llegó el cénit de su bonanza. Después de cuatro largos años, llegó el tan anhelado reencuentro; una vez más, aquella pequeña y disfuncional familia se volvía a reunificar. Aquel ya no tan inocente niño sentía como que estaba viviendo un sueño. Le parecía un cuento de hadas con un final feliz, él no podía creer lo que estaba viviendo. Después de tener una vida monótona, ahora gozaba de un estilo de vida muy versátil. Durante la semana se mantenía muy activo; por las mañanas acudía a la escuela y por las tardes trabajaba en un pequeño negocio familiar; el cual administraba con mucho empeño. Los fines de semana no eran la excepción; el sábado se dedicaba a trabajar con un amigo de la familia y el domingo salían de paseo familiar.

Aquél chico deseaba que aquella vida de quimera no tuviera fin. Sin embargo, después de siete meses de ensueño, el infortunio una vez más se posó como una nube negra sobre la vida de aquel chico. Esta vez parecía venir más implacable que nunca. Para empezar, justo siete meses después de su reencuentro, su madre sufrió un infarto cerebral, que la postró en cama durante tres meses. Como sus recursos económicos aún eran limitados, no podían darse el lujo de pagar una enfermera a tiempo completo, por lo que aquel niño se vio en la necesidad de aprender a suministrarle el suero y a brindarle cuidados a su madre.

Mientras la desnudaba para bañarla o para que usara el baño, aquel chico podía ver una bruma de sentimientos encontrados en los ojos perdidos de aquella madre enternecida por no poder cumplir con sus promesas y a la vez agradecida con Dios por haberle brindado a aquel hijo, que siempre fue como el esposo que nunca pudo tener. Aquel chico la apoyó en todo, a veces obligado, pero casi siempre por amor y entrega. Cuando aquella madre dio a luz a su segunda hija, fue su hijo quien estuvo a su lado y desde que la niña tenía dos años de edad él la cuidó para que ella pudiera trabajar, lo mismo sucedió cuando nació su tercera hija, el niño se hacía cargo de ambas, con apenas seis años y medio, le sacaba provecho al día jugando, con la niña menor enganchada en la cintura, mientras sentaba en una piedra a la otra y le advertía que no se fuera a mover, para poder jugar. Sus amiguitos lo apoyaban avisándole cuando su hermana se levantaba.

Quién hubiera imaginado que su hijo también se haría cargo del cuidado de ella hasta su último día de vida. El día del inevitable deceso había sido precedido por tres tormentosos días de agonía, aquel chico vivió aquella agonía junto a su desafortunada madre. Después de alrededor de unas setenta y dos horas sin conciliar el sueño, se rindió presa del cansancio que lo invadía. Al cabo de un par de horas, su familia lo hizo volver de aquel estado de narcosis, para darle aquella fatídica noticia; su madre finalmente había fallecido.

Cuando se levantó de su lecho, se dirigió a la habitación donde yacía aquel cuerpo sin vida. Caminó como un sonámbulo envuelto en un sopor absoluto. De camino hacia aquella necrótica escena, se repetía a sí mismo: tranquilo, esto se debe tratar de una pesadilla, solamente necesitas despertar y todo volverá a la normalidad. Cuando vio aquél cuerpo examine; aún incrédulo, deseaba que alguien lo despertara para volver de tan terrorífica escena. Sin embargo, cada vez iba tomando más conciencia de la realidad, pero aquella pesadilla lejos de terminar, parecía dar la sensación de estar apenas empezando. Miró a su alrededor y se percató de aquel panorama lleno de rostros compungidos; unos por pesar y otros por remordimiento.

Por aquellos días, el chico se encontraba en los últimos días de clases y se aproximaban los exámenes finales. Literalmente, en un abrir y cerrar de ojos, la vida de aquel niño había dado un giro de ciento ochenta grados. De ser una vida feliz y de ensueño, vertiginosamente se convirtió en un caos lleno de angustia y dolor. Sentía que la vida se le había esfumado junto a la de su madre. Al finalizar el sepelio, se encerró deseando perecer junto a su madre. Después de aquel infortunio, fue inevitable quedar atrapado en un laberinto de emociones delirantes.

Un día, una chica de hermoso parecer y tierno semblante, se acercó a él y con una voz afable lo consoló y le entregó un papel escrito que decía: «Mis padres podrán abandonarme, pero tú me adoptarás como hijo. Dios mío, por causa de mis enemigos dime cómo quieres que viva y llévame por el buen camino. No dejes que mis enemigos hagan conmigo lo que quieran. Falsos testigos se levantan, me acusan y me amenazan. ¡Pero yo sé que viviré para disfrutar de tu bondad junto con todo tu pueblo! Por eso me armo de valor, y me digo a mí mismo: Pon tu confianza en Dios. ¡Sí, pon tu confianza en Él! (Salmos 27:10-14)». Cuando acabó de leer lo que decía el papel, alzó la mirada y con una triste sonrisa, agradeció aquel noble gesto. Ella lo animó a escribir algo bonito para su madre. Él asintió y tomó lápiz y papel:

«Conocí a una mujer, la cual desde los años de su niñez había tenido un carisma que resaltaba entre las personas que la rodeaban. Ella era el alma de las fiestas, reuniones sociales y familiares. Era extrovertida y dinámica, con un temperamento sanguíneo, de espíritu alegre y espontáneo. Algunas veces llena de arrebatos. Todas estas cualidades formidables fueron puestas a prueba. Un día siniestro, el espíritu de la muerte se le encimó para susurrarle al oído que venía por ella y que no desistiría hasta cumplir su cometido. Bien reza el proverbio popular: "no es lo mismo verla venir, que platicar con ella". Así pues, la huesuda sitió la entrada de la vivienda de aquella mujer; cual león feroz asecha su presa. Sin fuerzas y resignada, aquella mujer se parapetó frente a su agresor, sin la más minúscula oportunidad de sobrevivir, pero con una actitud heroica y tenaz.

Aquella mujer desafío su destino, aun sabiendo que en un momento dado sería dovorada por aquel depredador. Aquella valiente mujer no se achicó y vendió cara su derrota ante la muerte. Se mantuvo intratable y luchó con arrojo hasta perder el último hálito de vida. Así fue aquel aciago desenlace de noventa días; tétrico y macabro; así son las funestas características de la muerte. Testigo fui del coraje de aquella mujer, quien cual heroína luchó hasta el último segundo de vida. Resulta paradójico aferrarse a una vida cruel y llena de dolor, ¿para qué asirse a una vida tormentosa? Ella tenía tres razones para querer vivir, por eso en ningún momento bajo los brazos. Sus ojos perdidos hacía el cielo dibujaban una interrogante que exigía una aclaración o una respuesta de aquella situación. A la vez, aquella mirada trémula y ahogada en lágrimas, clamaba a la muerte misericordia; pero esta no la conoce.

El entorno era gris como una tarde de tempestad, mas sus pensamientos eran claros como una mañana soleada. Sus días se volvieron negros y angustiosos por el asedio de la muerte, pero sus ojos reflejaban resignación y esperanza en Dios. Finalmente, un día Cristo trajo calma para su corazón y paz para su alma. Adiós amor de mis amores. ¡Sé que te fuiste para nunca volver, pero estoy feliz por ti, porque sé que encontraste alivio para tus angustias y dolores! Aunque sé que en esta vida nunca volverá a ser, en el paraíso sé que te volveré a ver».

Al terminar de escribir este poema, volvió para ver a la misteriosa chica y agradecerle, pero esta ya se había marchado. Solo unas pocas semanas después del deceso de su madre, su familia lo condenó a la indigencia, echándolo a vivir a la calle. Transcurrían los días y aquel suplicio no parecía tener fin. La transición de niñez a la adolescencia fue totalmente imperceptible. De un día a otro se encontró solo, viviendo una metamorfosis que no lograba comprender. Aquel niño se convertía en adolescente. No había tiempo para quejarse por los malestares de la adolecencia, apenas y podía con los abusos de la vida.

Aquella situación fue formando una armadura aún peor que aquella de la niñez; se volvió un ser totalmente déspota; sin respeto por sí mismo ni nadie. Pasaban los días y las cosas lejos de mejorar, parecían ir cada día más cuesta arriba. Las dificultades cada vez parecían ser insuperables, sin embargo, cada día lo sorprendía con un nivel de dificultad mayor. Finalmente creció y se volvió lo que tanto había anhelado ser; un joven adulto, con su mayoría de edad. Según él, al ser mayor de edad, dejaría todos sus problemas atrás, y en efecto, sus problemas de la adolescencia empezaron a formar parte de su pasado y dejaron de angustiarlo paulatinamente. No obstante, nuevos retos en su vida se empezaron a manifestar, trayendo consigo desafíos aún más complicados.

Un día, con los ojos aguados por todo el amargo dolor que lo embargaba, hizo una plegaria a Dios, y su plegaria fue oída. Una vez más, aquella chica de hermoso parecer, salió a su encuentro como para confirmarle que su plegaria había sido escuchada y que sería respondida. Esto lo persuadió de abrirse paso por la vida. Por esta revelación se vio motivado a emprender un viaje con destino desconocido. Aunque en su interior, de modo intermitente, un destino inquietaba su mente de manera inconsciente; creyendo que aquello sería la solución definitiva a sus problemas. Al fin, un día logró culminar su travesía, no sin antes haber recorrido un largo camino; lleno de aventuras, con buenas y malas experiencias. Entre esas buenas experiencias, se encontró con lo mejor que le pasó en su vida: al cruzar la repbúlica mexicana, una familia lo acogió en su seno. Lo trataron como un miembro más de la familia. Finalmente, después de tantos desprecios, se sintió querido de quienes él menos se hubiera imaginado. A pesar de sentir el afecto y el cariño de aquellas personas, sabía que debía culminar su misión. Una vez más tuvo que emprender aquel solitario camino, con pesadumbre en el corazón por dejar atrá aquello que siempre le faltó y que finalmente había encontrado.

Cuando por fin llegó a su destino, pudo darse por enterado de que se trata la vida en realidad. Vivir significa superar los retos que plantea la vida en el día a día. Cada vez que un obstáculo se presenta, superarlo no significa terminar con los retos de la vida, ni mucho menos haber llegado a la meta final, sino abrirle paso a un nuevo desafío: esa es la sal de la vida. Al llegar al destino que se había planteado, empezó una nueva vida; que según él, había entendido de que se trataba y como sorteara. De repente, un día que parecía ser como cualquier otro, cuando todo parecía estar de lo mejor y se miraba que las cosas fluían; se presentó una inusitada situación en su vida.

Aquel día venía precedido por varias noches con dificultades para dormir y un extraño sueño que se repetía una y otra vez; él tenía poco tiempo de haber llegado a Estados Unidos y pese a haber leído un diccionario de español-ingles, él no sabía hablar inglés. Sin embargo, se soñaba platicando con personas que solo hablaban inglés, lo más curioso era que se comunicaba con ellos con fluidez e incluso recordaba aquellas palabras al despertar. Ese día tenía todo el tinte que tienen esos días trágicos; como un mar intempestivo, un cúmulo de emociones anegaba su interior. Todas estas emociones, así como el agua que se precipita remolineando en la boquilla de un embudo, convergían acelerando sin control el corazón del joven. Sentía pesadez, una zozobra y una expectativa siniestra. Como ya venía sufriendo de un fuerte dolor de cabeza, causado por un insomnio. No podía esperar algo peor. Finalmente, aquella amenaza hizo acto de presencia y aquel joven, terminó en una sala de emergencias, con una arritmia cardíaca, lo que menos sospechó, fue que aquello era en realidad, un ataque de pánico. No era la primera vez que había experimentado aquellos síntomas, pero nunca los había sentido con tanta intensidad, por lo que se vio obligado a buscar asistencia medica.

—¡Ayuda por favor, siento que el corazón se

me va a parar! —entró diciendo en la sala de urgencias de un hospital.

El personal médico, al ver la angustia y desesperación del joven, lo ingresaron de emergencia y le practicaron varios exámenes. Finalmente los médicos concluyeron que "solo" se trataba de un exceso de estrés. Le recetaron tranquilizantes y ejercicios de relajación. Todo aquello ayudó a aliviar el padecimiento, pero no solucionó el problema. Después de aquel incidente médico, el joven trató de retomar su vida con normalidad, sin imaginar que aquello solo era el primer capítulo de una novela de horror, llena de noches de insomnio, angustia y desesperación. Una novela que parecía no tener fin.

Pasarían dos años, antes que un segundo ataque de pánico, lo condujera a una sala de emergencias una vez más. Así, uno tras otro, los ataques de pánico y las noches de vigilia, se sucedieron, cada vez con más frecuencia e intensidad, hasta llegar al grado de no poder dormir durante toda la noche. Un día llegó a perder el conocimiento y hasta dejó de respirar por varios segundos (o al menos eso fue lo que él sintió), e incluso, llegó a creer que había perdido la razón. Todo aquel sufrimiento era insoportable y alucinante. Lo que lo hacía aún peor, era el hecho que los doctores no llegaran a un diagnóstico acertado. Lo fue, hasta su último ataque de pánico. Por aquellos días se encontraba desempleado y por fin se había presentado una oportunidad. La idea de tener que enfrentar una entrevista de trabajo al siguiente día, lo inquietaba y no lo dejaba dormir. El insomnio lo perturbó tanto, que se empezó a sentir muy mal. Mientras se encontraba debatiendo en su cama, entre si ir a una sala de emergencias una vez más, o esperar a ver si aquel vendaval de emociones y síntomas de insuficiencia cardíaca se desvanecían por sí mismos.

Su imaginación iba y venía y no podía conciliar el sueño. Su mente cavilaba cada vez con más insistencia en la posibilidad de sufrir un infarto o un paro cardíaco, por la aceleración de su corazón. Tampoco descartaba la posibilidad de un derrame cerebral, debido al intenso dolor de cabeza que sentía a causa del desvelo. Por momentos claudicaba; al traer a memoria todos los recuerdos de tantas veces cuando había sentido lo mismo y no había sido más que una falsa alarma. Finalmente, venció el miedo a sufrir algún accidente cardíaco o cerebrovascular y decidió quedarse en casa. Ya agotado por la agónica batalla mental, se rindió y entró en un profundo trance onírico.

EL ENCUENTRO

Aquella era una noche de luna llena; era un crepúsculo ideal para una caminata. Nio marchaba un poco tenso y ensimismado en sus pensamientos, ya que cargaba consigo algunos problemas de carácter personal. De pronto se encontró en una avenida poco iluminada y desolada por completo, la cual parecía no tener salida. El paisaje lucía tenebroso y cargado de misterio; gracias al calor de la luz del alumbrado público, junto a la timidez de aquella luna amarilla como el queso, que parecían confabular. Anque la espesura de nubes oscuras impedía el fácil acceso a la luz de la luna, no obstante, el rostro de la pálida luna parecía un niño curioso que se las arreglaba para asomarse entre las nubes. De la calle rociada por un cernidillo, emergía un petricor muy particular, debido a la trementina de aquellos árboles de pirul que circundaban la avenida. Definitivamente, era un ambiente enajenador, que invitaba a echar la imaginación a volar. De repente se percató que se encontraba extraviado. Él buscaba una pista que le permitiera orientarse, cuando de pronto empezó a oír unos sollozos que provenían de un rincón al otro lado de la avenida.

El chico giró su cabeza con prontitud, lleno de curiosidad por aquel llanto repentino. En un instante su cuerpo se estremeció, y de inmediato empezó a sentir un escalofrío recorrer todo su cuerpo y su corazón se aceleró estrepitosamente a causa del susto. A lo lejos logró apreciar una sombra, que parecía ser una silueta femenina. Inexplicablemente sentía una misteriosa necesidad de saber si se trataba de alguna persona conocida; a modo de corazonada; era como si una fuerza sobrenatural lo empujara a pesar del pavor que sentía.

Por un momento se quedó quieto, viendo con atención. Sin embargo, Por más que se esforzó por reconocer aquella figura etérea, no logró conseguirlo; ya que la luz era muy tenue y trémula, a esto se le sumaba el hecho que desde la niñez Neocadio padecía de una miopía severa, que le impedía ver a larga distancia o con luz escasa. Así que decidió acercarse cuidadosamente, para saber de quién se trataba. Con sigilo caminó hacia el lugar de donde provenía el llanto. El escepticismo lo hizo frenar la marcha a unos pasos de aquella sombra. Luego con cierta precaución y recelo, preguntó:

—¿Está todo bien, tienes algún problema o te sucede algo malo?

La sorpresa que se llevó fue monumental cuando aquel rostro etéreo con un matiz angelical se alzó sin emitir respuesta alguna y aquella mirada cristalina atravesó el liquido lagrimal que cubría sus ojos. El chico, al instante quedó petrificado con la sensación de estar viviendo algo irreal, al ver tal belleza en aquel rostro que lo quedó viendo con tanta ternura.

Luego, cuando por fin sus ojos se acostumbraron a la poca intensidad de la luz, logró observarla con mejor precisión. Entonces decidió avanzar para poder acercarse lo suficiente y corroborar si aquella escena era real o se trataba de una aparición. Su tímida aproximación se asemejaba más a un encuentro con una estantigua, que a una maravillosa serendipia.

Pese a la poca luz, pudo percatarse de la aflicción que empañaba la limpidez y el brillo de aquellos hermosos ojos almendrados, que brillaban como dos gotas de ámbar. Motivado por ese toque de belleza y candidez, se percató que aquel rostro parecía irradiar luz como si se tratara de una hierofanía. Nio todo tembloroso aún, a causa del nerviosismo que le produjo aquel inesperado encuentro, extendió su mano y dijo:

—Mi nombre es Neo...

—Neocadio Cortés —Ella lo interrumpió abruptamente, al tiempo que tomó su mano en respuesta al saludo del chico y continuó diciendo—: ese es tu nombre.

El joven quedó como hipnotizado al instante que vio como aquellos labios carmesí se abrieron delicadamente, para que de ellos emanaran aquellas palabras con un tono melifluo, que parecían conjurar su atención. Después de un breve tiempo logro recuperar su compostura.

—¡Perdón! ¿Nos conocemos? —inquirió el joven, con un tono suspicaz.

La joven de aspecto virginal respondió:

—No sé si tú me conoces, pero yo si te conozco muy bien a ti...

—¡Mucho susto! —exclamó en tono de broma,

a la vez que se aclaraba la garganta tratando de demostrar valor y confianza. A la vez que preguntó —: ¿Cómo te llamas?

—Mi nombre es Brenda Nadezhda y estoy a tus ordenes —dijo la hermosa chica entre sollozos.

El asombro del joven era absoluto; como era posible que aquella dulce mujer lo conociera muy bien como ella afirmaba, mientras que él, sorprendido en extremo y con el cuerpo aún tembloroso, trataba de disimular sin éxito su deslumbramiento. Él escudriñaba entre su memoria algún lugar o situación que le permitiera recordar aquel pálido y hermoso rostro de quien se hacía llamar Nadezhda y aseguraba conocerlo. ¿Acaso era posible olvidar a quien poseía tan dulces y delicadas facciones? ¿O esa sonrisa tímida que iluminaba el rostro inocente de tan hermosa joven? La oscuridad de la noche le impedía verla con facilidad, sin embargo su hermosura era obvia, por lo tanto no lograba comprender por que no podía recordarla.

—Gracias, ¿puedo saber por qué llorabas?

—Bueno, lloro de impotencia al querer ayudar a...

—Basta de plática Nio.

En un instante, su tímida conversación fue bruscamente interrumpida. Una voz más al fondo, dónde la visibilidad era aún más lúgubre, intervino intempestivamente. Nio, invadido más por el miedo, que por el asombro, quedó inmóvil por un segundo. Aquella sombra con apariencia humana, parecía irradiar el brillo de cuatro ojos, mientras se abría paso en aquel paisaje sombrío. Por el timbre de voz, el joven presumía que se trataba de un hombre mayor, pero las cuatro luminarias oculares lo tenían inquieto.

Aunque la voz era muy grave, con un tono circunspecto, se alcanzaba a oír algo tímida y decaída. En respuesta al instinto de supervivencia, se sintió invadido por un terror repentino. Un gélido destello recorrió su cuerpo desde la coronilla de la cabeza hasta la punta de los pies; cual avalancha de nieve se precipita montaña abajo; sintió como la sangre se le enfrió al punto de congelación y recorrió todo su cuerpo. Luego de vacilar por un instante y venciendo el miedo que lo invadía, se aproximó a la sombra para saludar y tratar de reconocer a aquella persona y saber a que se debían aquellos cuatro destellos oculares.

Debido a los tímidos rayos de luz que a fuerza se habría paso entre las aciagas sombras de la oscuridad, pudo ver con cierta dificultad, y darse cuenta que se trataba de un hombre misterioso, con una hermosa gata en sus brazos. Después de un esfuerzo visual, logró darse cuenta que el aspecto de aquella persona era decrépito y maltrecho, aunque a lo lejos se alcanzaba a distinguir que no era un hombre viejo. La apariencia de aquel hombre proyectaba confianza y seguridad, ya que su rostro lucía exánime y taciturno. Su semblante expresaba serenidad y armonía; como si tuviera sobre él las respuestas a todas las preguntas y lo más importante; cómo si estuviera dispuesto a compartirlas.

—¡Eh! —exclamó el joven, lleno de intriga y asombro—. Pero... ¿qué es todo esto? —cuestionó, al tiempo que giró bruscamente su cabeza, para ver a la chica con una cara de espanto—. ¿Va a resultar que ahora todo el mundo me conoce?

Una vez más, aquella voz lo interrumpió sin permitir que Nadezhda llegara a responder las dudas del joven:

—Nio, si me liberas, yo puedo ayudarte a recobrar tu lucidez mental...

—a recobrar mi… ¿mi qué? ¿De que habla? A mi entender yo no estoy loco...

—Efectivamente, no lo estás, yo me refiero a todas esas noches de insomnio con ataques de pánico. De esas visitas a emergencias con la sensación de estar sufriendo un paro cardíaco. Aunque al final todo se trata una falsa alarma, y no estás enfermo físicamente, eso no significa que no necesites ayuda para recobrar tu equilibrio mental y emocional.

—Insomnio y ataques de pánico como los llama, no son cosas por las que deba alarmarme o creerle que tengo algún problema que requiera su ayuda como usted asegura.

—Nio, sé por lo que estás pasando y lo que sufres y créeme, estamos para ayudarte...

—¿Qué podrían saber ustedes de mí? —A este punto, el joven ya no se sentía muy seguro de ser totalmente anónimo a estas personas. Sus ojos estaban bien abiertos, sus pupilas dilatadas, su voz se entrecortaba y titubeaba de repente. Hizo un último intento, para demostrar que no sería presa fácil de ningún tipo de chantaje o engaño— Ya no siga intentando engañarme, sé que alguien que sea buen observador, fácilmente puede deducir que sufro de insomnio; a juzgar por mis ojeras y mi aspecto físico...

—No solo se trata de insomnio o ataques de pánico. Sabes que con frecuencia también padeces de algunos síntomas físicos, tales como: Taquicardia, palpitaciones, opresión en el pecho, falta de aire, temblores, sudoración, molestias digestivas, náuseas, vómitos, "nudo" en el estómago, alteraciones de la alimentación, tensión y rigidez muscular, cansancio, hormigueo, sensación de mareo e inestabilidad. El insomnio solo es el resultado de la combinación de dos o más síntomas de los antes mencionados. Esto puede llegar a ser un problema muy serio. Si la activación neurofisiológica es muy alta, pueden aparecer alteraciones del sueño, la alimentación y la respuesta sexual.

»No obstante, tu problema no es solo físico, también presentas síntomas psicológicos como: Inquietud, agobio, sensación de amenaza o peligro, ganas de huir o atacar, inseguridad, sensación de vacío, sensación de extrañeza o despersonalización, temor a perder el control, recelos, sospechas, incertidumbre, dificultad para tomar decisiones. Existen casos más extremos, donde se llega incluso a sentir temor, a hacerle daño a otros, a la muerte, a la locura, o al suicidio. Vivir con estos padecimientos, afecta tu conducta y tu relación con los demás —

continuó diciendo aquel decaído hombre—: ya que te mantiene permanentemente en estado de alerta y de hipervigilancia, bloqueos, torpeza o dificultad para actuar, impulsividad, inquietud motora, dificultad para permanecer quieto y/o en reposo.

»Estos síntomas vienen acompañados de cambios en el lenguaje y la expresividad corporal: posturas cerradas, rigidez, movimientos torpes de manos y brazos, tensión de las mandíbulas, cambios en la voz, expresión facial de asombro, duda o crispación, desasosiego en las extremidades, etc. Todo esto afecta tu rendimiento en tu día a día, impidiendo que tengas éxito en tus tareas cotidianas, ya sean académicas o profesionales. Todo eso limita tus facultades Intelectuales y cognitivas; por lo que constantemente presentas: dificultades de atención, concentración y memoria, aumento de los despistes y descuidos, preocupación excesiva, expectativas negativas, rumiación mental, pensamientos distorsionados e importunos, incremento de las dudas y la sensación de confusión, tendencia a recordar sobre todo cosas desagradables, sobrevalorar pequeños detalles desfavorables, abuso de la prevención y de la sospecha, interpretaciones inadecuadas, susceptibilidad, pérdida de la memoria a corto plazo, etc.

»Como consecuencia de todo esto, sobrevienen problemas sociales: Irritabilidad, ensimismamiento, dificultades para iniciar o seguir una conversación, en unos casos y verborrea en otros, bloquearse o quedarse en blanco a la hora de preguntar o responder, dificultades para expresar las propias opiniones o hacer valer los propios derechos, temor excesivo a posibles conflictos, etc.

—Creo que no me queda más remedio que aceptar que en verdad sí me conoces. No sé si seas una especie de mago, adivino o algo por el estilo, ¡pero, debo reconocer que si ha acertado en casi todo lo que me ha dicho! —dijo el joven lleno de asombro.

—¡Por su puesto, sé quién eres!

—Por cierto, ¿puedo saber quién es él? —preguntó a la chica, ya que sentía más confianza con ella.

—Es un conspicuo sabio, él prefiere que lo llamen Tiksi, pero puedes llamarlo maestro si gustas —le contestó la chica.

—¿Sabes? yo puedo ayudarte —volvió a intervenir el sabio—, pero antes necesito que me liberes de estas cadenas, y solamente tú tienes la llave que puede liberarme.

Fue hasta ese momento que Nio se percató que aquél hombre se encontraba encadenado de pies y manos. Un estupor absoluto se apoderó del joven, al apreciar las condiciones en que se encontraba aquel hombre; en ese momento un pensamiento dubitativo destelló como un relámpago en su mente; al ver aquella situación que los rodeaba se inquietó al pensar, ¿cómo era posible que ese hombre supiera tanto de él? Realmente le intrigaba que hablara con tanta propiedad a cerca de sus vicisitudes y miedos. Aún más extraño, hablaba con tanta libertad y autoridad aun estando encadenado. ¿Quién era y por qué estaba ahí? ¿Qué buscaba de él, en verdad podría ayudarlo? Al final; ¿quién ayudaría a quién en toda esta situación? ¿Era acaso posible que este decaído hombre supiera tanto de él y conociera prácticamente su vida completa como él presumía?

Entonces una duda en concreto lo asaltó por un instante y se cuestionó: ¿no sería que todo aquello a lo mejor solo se habría tratado de algún truco barato? Todo con el fin de conseguir su colaboración para lograr su libertad. A pesar de sentirse conmovido con aquella tétrica escena; viendo la decadencia de aquel hombre, encadenado de pies y manos. Aún dudaba para tomar la determinación de ayudar a aquel decaído maestro, por la sospecha de que aquel hombre fuera un farsante y solo estuviera tratando de obtener su ayuda, para ser liberado.

Después de un instante de vacilación, en cuanto a que acción tomar. Se limitó a volver a ver a la chica, gesticulando una pregunta ahogada en el silencio y la penumbra; esta, al ver la interrogante que se dibujaba en el rostro del joven; asintió sin emitir palabra alguna; sacudiendo lentamente la cabeza de arriba hacia abajo.

—¿Como y por qué, supones que yo puedo liberarte? —cuestionó con sospecha e incredulidad.

—Es una larga historia… En fin, no debes sentirte culpable, ya que en realidad no lo eres.

El joven se puso inquieto y empezó a esculcar sus bolsillos, con la convicción de hallar alguna especie de llave. Pues si aquél sabio había tenido razón en todo lo que le dijo respecto a su condición mental y emocional, muy probablemente tenía razón en que él podría liberarlo de alguna manera. Finalmente, después de una intensa búsqueda, el joven se dio por vencido.

—Ya busqué en mis bolsillos y no he encontrado llave alguna —esgrimió el chico un poco desalentado.

—Busca en ti Nio.

—¡Que ya busqué en todos los bolsillos y no encontré nada! —contestó de modo irritado.

—He dicho que busques en ti, no en tus bolsillos...

Desesperado, por no comprender a que se refería aquél hombre, Nio se llevó las manos a la cabeza y de repente sintió que algo pendía de su cuello; era la llave...

—¡Qué raro! —exclamó desconcertado—. No me había dado cuenta que tengo una llave colgando de mi cuello, ¿será esta? —preguntó con un brillo triunfal en la mirada.

—Sí —respondió el sabio con seguridad, y lo animó a darse prisa—: apresurate, quítame estas cadenas y yo te ayudaré...

Nadezhda asintió una vez más con un movimiento de cabeza. Nio se apresuró para liberar a aquel hombre de sus cadenas. Una vez quedó liberado, el sabio le sugirió a Nio quedarse quieto y cerrar los ojos. Un poco inquieto por la zozobra, el joven se limitó a obedecer las recomendaciones del maestro. El sabio pasó sus manos sobre los ojos del joven y luego le pidió que los abriera. Aquello fue como un acto de magia, Nio se quedó atónito. No podía dar crédito a lo que estaba sucediendo; era increíble que por primera vez en toda su vida, podía ver con claridad. Fue entonces que pudo apreciar con todo lujo de detalles el aspecto de aquel decaído sabio; a pesar de la escasa luz.

Casi al instante se le desvaneció la emoción de poder ver con claridad y sintió como un frio helado empezó a recorrer su cuerpo, seguido por un escalofrío. Sintió deseos de salir corriendo de aquel lugar, invadido por un pavor repentino, pues al poder ver con claridad; se pudo percatar del parecido tan impactante que aquel sujeto tenía con él. Sintió la impresión de estar viéndose a sí mismo, pero con una proyección de unos veinte años mayor. Como siempre había oído hablar de los viajeros del tiempo, se quedó absorto, hilando pensamientos de todo tipo, hasta llegar al punto de sospechar que pudiera tratarse de él mismo, visitándose en el pasado. Pero... ¿Y la chica? ¿qué tenía que ver ella en un viaje a través del tiempo?

El sabio, al ver la mirada perdida del joven a causa del estupor, trató de romper el suspenso y le dijo:

—Dime, ¿como te sientes?

—¡Totalmente sorprendido! ¿como lo hiciste? — le preguntó el joven lleno de asombro.

—Te prometí que te ayudaría; y he empezado a hacerlo...

—Quiere decir que —tartamudeo del asombro

y preguntó—: ¿también puedes ayudarme con el insomnio y los síntomas de insuficiencia cardíaca?

—Créeme Nio, de hoy en adelante, para bien, tu vida nunca será igual. Te diré cómo y porqué se generan todos esos síntomas y te daré las técnicas para que puedas superar esa situación.

De pronto, el sabio soltó del brazo a la gata y esta dio un salto felino a los brazos de Nadezhda. Ella se apartó de ellos por un momento distraída con aquel felino. Aprovechando el maestro se acercó de modo suspicaz para interrogar al joven:

—¿Sabes? —empezó su indagación el maestro, mientras observaba a la chica alejarse un poco con la hermosa gata— Nadezhda siente temor de ti. Ella cree que eres peligroso.

—¿Y tú qué piensas? —el joven preguntó mientras miraba de soslayo a Nadezhda.

—Escucha Nio, no se trata de lo que yo piense. Eres tú quien debe responder esa pregunta. Te contaré una fábula para ayudarte a reflexionar: Un día mientras paseaba un cachorro de león, se alejó de su manada, quedando perdido. Una manada de ciervos lo adoptó, ya que una madre cierva había perdido su cría ese día. Ella lo amamantó y lo crió, enseñándole a sobrevivir como un ciervo; comiendo hierba y bebiendo agua de las charcas. Él comía hierba a pesar del disgusto de su paladar, esta situación lo tenía inconforme, porque en su fuero interno sentía que no merecía aquella vida. Él notaba que los demás ciervos lo miraban con recelo y cierta apatía, el cachorro nunca comprendió por qué y se sentía triste. Un día, este cachorro vio que todos sus "hermanos" huían despavoridos. Muy tarde fue, cuando se percató de la presencia de un león. El cachorro ajeno a la realidad, comenzó a suplicar por su vida.

—¡No me comas por favor! —le suplicó el cachorro al invasor.

El otro león, desconcertado le preguntó:

—¿Por qué he de comerme a un hermano? Anda, camina hacía el estanque —le sugirió al asustado cachorro.

Cuando se asomó al estanque, el cachorro rugió y dio un salto felino hacia atrás. El asustado cachorro de león no daba crédito a la aparición que había visto de sí mismo. El otro sonriendo le preguntó:

—¿Acaso tienes miedo de quien eres realmente?

—¡No! —exclamó el cachorro—. ¡Ese no puede ser yo! Yo debo tener cuernos y no melena.

—¡Imposible! —respondió su nuevo amigo—. Lo que sucedió, fue qué tú al estar entre presas te fuiste sintiendo identificado y creaste en tu mente una semejanza con ellas. Pero en realidad tú eres un león, o ¿acaso no oíste el rugido que emitiste, o el salto que diste?

Al cabo de cierto tiempo, el confundido cachorro acabó por aceptar que en realidad él había sido creado para la grandeza y la majestuosidad. Eso fue justo lo que sucedió contigo. Te perdiste en las sabanas de la vida, y la sociedad te adoptó. Enseñándote a comer hierba, es decir; a tomar lo que la vida te pone por delante y te has olvidado que puedes luchar hasta alcanzar tus sueños. Te enseñó a beber de las charcas, impidiendo ver lo que eres realmente. Porque los estanques están reservados para los valientes, aquellos que se atreven a enfrentarse a su destino y a los obstáculos que la vida les plantee. Dios no te dio un espíritu de ciervo, Dios te dio un espíritu de león. ¡Atrevete a reconocer quién eres realmente!

Aquella fábula lo dejó inmerso en sus pensamientos. Nio decía para sí: el maestro tiene razón. Ya no soy aquel indefenso niño, sin embargo, sigo reaccionando como si lo fuera: pareciera que mis emociones se hubieran quedado congeladas en el tiempo. Tiksi guardaba silencio, mientras sugería con la mirada a Nio abordar a la joven. Luego de liberar a la gata, Nadezhda decidió regresar. Nio se acercó a ella, se disculpó y le empezó a explicar que él en realidad no era una mala persona. Ella con su apacible tono de voz le dijo:

—No te preocupes, sé por todo lo que has pasado. Tu seriedad es solo una armadura defensiva.

El chico quedó cabizbajo. Por un instante, a él le surgió la sospecha de que podrían estar jugando con su mente, ya que parecían contradecirse. Luego de reflexionar un rato, determinó que debía dejar de sacar conclusiones de todo lo que aconteciera en su vida, de lo contrario siempre seguiría siendo presa fácil de la reacción impulsiva de sus emociones. La joven al contemplar su mirada perdida en aquel vendaval de pensamientos nutridos de nostalgia, serenidad y determinación, extendió sus brazos y lo acogió en su regazo. Entonces él musitó:

—Y... Según ustedes, ¿de que estoy enfermo? Ó, ¿por qué creen que sufro de insomnio y siento que el corazón se me va a parar?

—Nio, tú no estás enfermo —intervino el maestro—, todo está en tu mente; debes cuidar tus pensamientos, además, tienes que cuidar tu alimentación ya que todo influye en tu manera de pensar.

METAMORFOSIS

—Ah bueno, de modo que... ¿Crees que estoy loco, o que solo imagino lo que siento? —lo increpó el chico visiblemente irritado.

—No, no he dicho eso. Dime, ¿recuerdas el texto bíblico que dice: Entonces dijo Dios: Hagamos al hombre a nuestra imagen, conforme a nuestra semejanza?

—Sí, pero... ¿que tiene que ver eso con lo que siento?

—Pues tiene todo que ver —le dijo el sabio, mientras se agazapaba para estar más cómodo. La plática se había puesto interesante y no parecía acercarse a su fin y prosiguió—. Cuando habla de semejanza, no habla de una semejanza física, sino más bien se refiere a características comunes. Como bien has de saber, la característica más notable de Dios es la de un ser creador. Por lo tanto, el ser humano también es capaz de crear; crea nuevas cosas cada día; algunas para beneficio de sí mismo y otras para su propio mal. Esa capacidad creadora, no está limintada a lo tangile. Tú no eres la excepción, también eres un ser creador y día a día creas tu realidad, así como esos malestares ¡y son reales!

—¡Caramba! Nunca lo hubiera siquiera imaginado de ese modo —arguyó el joven un poco convencido—, ¿y de que estoy padeciendo según tú?

—El insomnio se debe a que no sabes controlar la ansiedad y los síntomas de insuficiencia cardíaca son ataques de pánico producto de la misma ansiedad.

—Noté que mencionaste ansiedad. ¿Tú crees que la padezca y por qué?

—Está bien, entremos al tema que te inquieta "la ansiedad". ¿Qué es y para qué sirve?.

—¿Intentas decirme que la ansiedad ayuda? ¿Tal vez será para perturbarme la vida?

—Sí, ayuda. Aunque actualmente se ha creado un falso consenso al respecto. Empecemos por comprender que es la ansiedad: Se trata de la condición de una persona que experimenta conmoción, intranquilidad, nerviosismo o preocupación. La ansiedad es un estado mental que se caracteriza por una gran inquietud, una intensa excitación y una extrema inseguridad. Para la medicina, la ansiedad es el estado angustioso que puede aparecer junto a una neurosis u otro tipo de enfermedad y que no permite la relajación y el descanso de las personas. Sin embargo, todo ser humano experimenta ansiedad. Esta es necesaria, ya que es la que lo impulsa a realizar sus proyectos de vida y a salir avante ante cualquier situación de peligro.

»Tomando la informática como símil, se puede comparar el inconsciente con un disco duro, ya que este almacena millones de millones de bytes de información personal. En el inconsciente se encuentran los instintos, entre los cuales destacaremos al instinto de conservación y supervivencia. Por lo tanto, la ansiedad no es más que un proceso del inconsciente. Así que la ansiedad patológica, es como una desprogramación del inconsciente. Últimamente se ha pensado que la ansiedad y estrés son una enfermedad, sin embargo, solo son parte de un proceso natural y beneficioso. El problema es no saber manejar esos estados mentales. ¿Lo captas? ¡Todo está en tu mente! Es como un diabético, el problema no es la glucosa, ya que esta es necesaria para aportar energía y asegurar el buen funcionamiento del organismo; el problema radica en el exceso de glucosa. Sucede lo mismo con el colesterol, este es esencial para la reparación del organismo, pero el exceso del mismo crea complicaciones de salud, y así sucesivamente. De igual manera, la ansiedad es un mecanismo de apoyo para la supervivencia y no está exenta de disfunciones. El funcionamiento de este mecanismo conlleva la activación y la desactivación de otros.

—¿Qué hago entonces para mejorar esta condición mental? A ver dime, ¿es posible revertir esta situación?

—¡Claro que la puedes revertir mi estimado amigo! No es una tarea fácil, pero tampoco es imposible —respondió el sabio y sin dar lugar a más preguntas continuó diciendo—: déjame describirte primeramente algunas partes y funciones de ese órgano maravilloso con el cual has sido dotado para la supervivencia; el *cerebro*, para después explicarte los mecanismos con los que se auxilia para cumplir su cometido, incluyendo la ansiedad. De este modo, por fin sabrás con que herramientas cuentas para solucionar tu problema. Como te podrás dar cuenta —continuó diciendo el sabio, mientras invitaba al joven a ponerse cómodo y prosiguió—: el cerebro tiene dos sistemas de comandos con los que se comunica con el resto del cuerpo y son: el sistema nervioso y el sistema endocrino. El sistema nervioso funciona a base de impulsos eléctricos y el sistema endocrino funciona a base de hormonas (químicos).

—¿Cuáles son esas funciones a base de impulsos eléctricos? —preguntó el joven con cierto interés.

—Son las funciones psicomotoras y sensoriales como caminar, correr, saltar, ver, oír, oler, etc. Y las funciones mentales como pensar, razonar, recordar, etc.

—¿Y las funciones químicas? —el tema ya había despertado interés en el joven, por lo que siguió indagando.

—Nadezhda te lo podrá explicar mejor — respondió el sabio.

—Nio —empezó a decir la chica—, las funciones a base de químicos son básicamente las emociones y las sensaciones, tales como: la ira, el miedo, la felicidad, el enamoramiento, la fatiga, el hambre, el sueño, el frío, etc.

El muchacho decidió sentarse en un viejo asiento en un viejo asiento de la avenida, mientras miraba atentamente como aquellos dos hermosos ojos lo miraban con una ternura casi maternal, mientras Nadezhda le explicaba con lujo de detalles el funcionamiento de las hormonas.

—Estos dos sistemas no están subordinados el uno del otro —continuó diciendo el sabio sin dar tiempo a que Nio preguntara—. Sino que se retroalimentan, es como la paradoja de qué fue primero, si el huevo o la gallina; ya que un sistema induce al otro y viceversa. Ejemplo: pensar en comida puede inducir a que sientas hambre y el hambre te puede inducir a pensar en comida.El sueño te puede inducir a pensar en camas y pensar en camas te puede inducir a sentir sueño. Pensar en una persona, te puede inducir a sentirte enamorado y sentirte enamorado te puede inducir a pensar en esa persona, etc.

—¡Ahora veo todo claro! —exclamó, con esa avidez por aprender que solo presentan los infantes en sus primeros día de clases—. Por eso es que el sueño es contagioso e incluso se dice popularmente que los bostezos también lo son.

—Exacto, me doy cuenta que te ha quedado claro que son y como funcionan los sistemas de comunicación con los que cuenta el cerebro para cumplir con su misión; la supervivencia. Ahora pasemos a conocer algunas partes del cerebro, sus funciones y como influyen en estas los sistemas de comunicación —el sabio hizo una breve pausa, como para ordenar sus ideas, y continuó—. Antes de proseguir me gustaría hacerte una aclaración; soy procreacionista, y me expreso como tal. Sin embargo, tú eres libre de creer lo que te parezca mejor, ya que a fin de comprender que es y como funciona la ansiedad, no importa si eres creacionista o evolucionista. Este trastorno no hace distinción de raza, religión, género o edad.

Al tiempo que el sabio cesó de hablar, Nadezhda tomó suavemente la mano del joven. El chico se sonrojó al sentir el roce con la chica. Él comprendió que se trataba de una invitación silenciosa para dar un paseo, por lo que decidió emprender la caminata junto a ella.

—El cerebro junto al hígado y el corazón desde siempre han sido considerados órganos vitales —casi se le sale el corazón del sobresalto a Nio. Él creía que el sabio se había quedado rezagado. Al sabio se le dibujó una leve sonrisa al ver el tremendo susto que se llevó el joven y continuó diciendo—: El corazón siempre había sido considerado una víscera especial entre las vísceras, hasta el punto que el cerebro y el hígado eran secundarios al propio corazón.

»El corazón es el primero en formarse y el último en morir: era un lugar sanguíneo por excelencia, al mismo tiempo, la tradición científica, filosófica y médica afirmaban que el corazón era incandescente. Es decir, que el calor se transmitía por todas las arterias desde el corazón al resto del cuerpo. El corazón era como la chimenea en la casa: desde allí se distribuía el calor. Lo que les resultaba sorprendente a los anatomistas es que no se pudieran encontrar restos de esa incandescencia cuando se realizaban las disecciones. Ahora que se han empezado a utilizar los termómetros y los termoscopios rudimentarios.

—¿Has querido decir qué el termómetro y los termoscopios han sido inventados recientemente? —interrumpió el chico al sabio un tanto contrariado, y remató diciendo— Si ese es un invento del siglo XVII.

—Así es mi estimado, fue inventado recientemente. Como te decía, este invento ha permitido que se den cuenta que la temperatura del corazón es la misma que la del hígado y otras vísceras. También el descubrimiento de la circulación sanguínea provocó algunas interpretaciones erróneas y curiosas. Ejemplo: se creyó que el sistema nervioso también debía tener forzosamente una estructura circulatoria, y por esa red fluirían los espíritus animales o los espíritus vitales.

»En la actualidad, los conceptos "mente y alma" han cambiado mucho ya que la ciencia ha avanzado sustancialmente. En aquella época, prácticamente no había métodos de localización cerebral y todo lo que se podía hacer era postular hipótesis. Hoy día se trata de localizar áreas cerebrales con muchísima exactitud. Se utilizan fundamentalmente métodos de estimulación eléctrica y en otros casos, magnética; para identificar áreas cerebrales. Por lo que se ha llegado a la conclusión que el cerebro juega un papel preponderante sobre el resto de los órganos. El cerebro está dividido en tres grandes regiones, estas a su vez están subdivididas. Estas tres regiones son: el complejos-R, el sistema límbico y el neocórtex.

»Complejo-R: este es el núcleo del cerebro, es

lo que los evolucionistas llaman; cerebro reptiliano, ya que es en estructura y funcionamiento muy similar al cerebro de los reptiles. La estructura cerebral de los reptiles es la más simple. Ellos no tienen emociones ni sentimientos. El complejo-R está formado por dos partes; el tronco del encéfalo y el cerebelo. Esta parte del cerebro es la responsable de llevar a cabo funciones inconscientes del diario vivir, tales como: hacer la digestión, respirar, hacer que el corazón no se detenga. Estas últimas dos funciones inconscientes, tendrán mucho sentido con respecto a la ansiedad, por esa razón más adelante lo trataremos con todo detalle. Esta parte del cerebro es la encargada de mantener activas las funciones vitales del organismo. Por todas estas razones, el funcionamiento del complejo-R prima en situaciones de peligro.

»Este sistema de contingencias de la mente cuenta con dos auxiliares para comunicarse con el neocórtex y el sistema límbico que son: el hipocampo; este es un filtro que decide qué información se debe compartir con el neocórtex, evaluando toda la información percibida por los sentido (imágenes, sonidos, olores, sabores y sensaciones táctiles), la clasifica haciéndote consciente solo de la información que considera relevante y novedosa. Y la amígdala; esta es la atalaya del cerebro, por consiguiente esta decide que situación es un peligro potencial para alertar al sistema límbico. La amígdala solo puede emitir dos estados (señales), que son: seguridad y peligro; como si se tratara de un interruptor eléctrico con dos funciones: encendido y apagado. Posteriormente trataremos el funcionamiento del complejo-R y sus auxiliares con más detalles —concluyó el sabio.

Nadezhda intervino para explicar qué es y cómo funciona el sistema límbico.

—El sistema límbico es el centro de operaciones de las emociones. Es un sistema formado por varias estructuras cerebrales que regulan las respuestas fisiológicas frente a determinados estímulos. En él se encuentran los instintos humanos, tales como la memoria involuntaria, el hambre, la atención, los instintos sexuales, las emociones por ejemplo: placer, miedo, agresividad, personalidad y conducta. Está formado por parte del tálamo, hipotálamo, hipocampo, amígdala cerebral, cuerpo calloso, septo y mesencéfalo y las glándulas que se encuentran diseminadas por el resto del cuerpo.

»Todas estas glándulas segregan hormonas (químicos), responsables de los estados emocionales. El sistema límbico interacciona muy velozmente y al parecer sin que necesite mediar estructuras cerebrales superiores con el sistema endocrino y el sistema nervioso periférico. Se cree que los mamíferos aparte de compartir la estructura y funcionamiento del complejo-R también comparten la estructura y funcionamiento del sistema límbico: por lo tanto, las emociones son una característica común en los mamíferos. El sistema límbico en los humanos tiene que funcionar en una perfecta simbiosis con el neocórtex y el complejo-R, ya que estos no pueden funcionar completamente solos. Necesita interaccionar con el neocórtex para procesar las emociones y con el complejo-R para la sincronización de estas, en función de prioridades.

—El neocórtex, neocorteza o isocórtex —volvió a intervenir el sabio y continuó—, es la estructura que en los seres humanos conforma la mayor parte de la corteza cerebral, concretamente el noventa porciento de ella. Está conformada principalmente por materia gris, es decir, por somas (los "cuerpos" de las neuronas, donde se encuentra el núcleo celular) y dendritas de las neuronas que forman parte del encéfalo. Dependiendo de la zona, esta estructura tiene entre cuatro y seis milímetros de grosor. A pesar de su poco grosor, se trata de una estructura de gran extensión, que debido a su situación dentro del cráneo ha de estar condensada y plegada, motivo por el que el cerebro humano posee circunvoluciones y curvaturas. De hecho, aunque la neocorteza ocupa aproximadamente el área de una pizza en su estado plegado, desplegada ocuparía dos metros cuadrados.

»El cerebro del ser humano es un caso único en el reino animal, en lo que se refiere a la capacidad de distribuir muchos somas neuronales en relativamente poco espacio. Así que, el neocórtex hace posible que haya multitud de neuronas distribuidas a lo largo de varias capas de cerebro replegadas sobre sí mismas, y esto, a su vez, tiene grandes ventajas para el rendimiento mental. Por otro lado, el neocórtex no es una estructura uniforme, sino que se encuentra dividido en los dos hemisferios cerebrales. Además, la neocorteza configura la mayor parte de los diferentes lóbulos cerebrales, afectando la integración y consolidación de toda la información consciente que llega a través de los sentidos.

»El neocórtex se considera el área cerebral responsable de la capacidad de razonamiento, permitiendo el pensamiento lógico, el razonamiento y la consciencia. Se trata del área del cerebro que permite todas las funciones mentales superiores y las funciones ejecutivas (especialmente localizadas en el lóbulo frontal). Se considera que el "Yo" y la autoconciencia se deben al funcionamiento de esta estructura. Esta parte es la responsable del pensamiento avanzado, la razón, el habla, la sapiencia y el arte. Únicamente el ser humano posee esta estructura cerebral. Se cree que este solo cumple con un tres por ciento de las funciones que el cerebro procesa a diario.

—¿Y toda esa información en que me ayuda con este problema?—cuestionó el joven.

—Oye Nio, es importante saber como está compuesto tu cerebro y como funciona para poder corregir los trastornos que puedan existir en él. Por lo tanto, creo oportuno hablar con respecto a la tricotomía humana: cuerpo, alma y espíritu, ya que de esto se desprenden los tres tipos de personalidad: calculador cognitivo, reactivo visceral y relajado intuitivo. En otro momento te explicaré cada uno de esos tipos de personalidades. De momento te hablaré del instinto de conservación y supervivencia; tu inconsciente o espíritu.

»Este instinto está arraigado principalmente en el complejo-R. Son todas las funciones y acciones que te mantienen con vida, estas también te ayudan a actuar y reaccionar con prontitud ante situaciones de peligro y te impulsan a procrear. También creo que es necesario que sepas acerca de tus emociones, que en esencia es tu sistema límbico y finalmente, pero no menos importante, acerca de la consciencia, la parte pensante de tu mente (el alma), la cual físicamente esta arraigada en el neocórtex cerebral. Así que a fin de hacer más cómoda la explicación, desde este momento en adelante nos referiremos al Complejo-R como inconsciente, al Neocórtex como consciencia y al sistema límbico lo llamaremos emociones.

»El inconsciente cumple con una serie de funciones y acciones. Como te había mencionado antes; el inconsciente trabaja en sincronía con la amígdala. La amígdala procesa toda la información que llega a tu mente, y la compara con la información existente en tu inconsciente. No importa si es algo que percibes en el momento a través de los sentidos, un pensamiento o un recuerdo. Así la ansiedad o el software del inconsciente, recibe la señal de la amígdala y activa las funciones o acciones que cree necesarias para mantenerte a salvo, antes de hablar de estas acciones y funciones, veamos como se desarrollan los síntomas.

»Estás tranquilamente en la cama a punto de dormir y de repente, sin motivo aparente, todo cambia. Comienzan las palpitaciones, la sensación de falta de aire y no poder respirar, el miedo irracional, entre otros síntomas. Lo más probable es que estés sufriendo un ataque de pánico o una crisis de ansiedad. Estas crisis varían según la persona y, como en tu caso, pueden aparecer sin ningún motivo, mientras que en otras ocasiones, podrían ser diferentes circunstancias las que provocan el ataque. El propio miedo y la preocupación de recaer en una crisis: son pensamientos que pueden desencadenar un nuevo ataque. Los síntomas de una crisis generalmente son típicos; muy violentos, súbitos, intensos, rápidos y producen mucho malestar. En muy poco tiempo aumentan las palpitaciones, sensación de taquicardia, falta de aire, opresión en el pecho y sudoración.

—Dijiste que me explicarías por qué razón se producen esos síntomas —lo interrumpió el chico, refiriéndose a hiperventilación y la taquicardia.

—¡Por supuesto! Quien te sacará de dudas en cuanto a ese tema será Nadezhda.

—Nio, la ansiedad es la respuesta del cerebro preparando tu cuerpo ante cualquier tipo de demanda. El resultado es la liberación de sustancias químicas en la sangre. Los acontecimientos que provocan la ansiedad son llamados "factores de estrés", son una reacción en cadena. El inconsciente compara la situación presente con los recuerdos que tiene almacenados. Si detecta alguna tesitura de dolor o sufrimiento relacionada con dicha situación, envía la señal de alerta a la amígdala, esta, activa al hipotálamo el cual envía una señal a las glándulas suprarrenales para producir más de las hormonas adrenalina y cortisol y las liberan en el torrente sanguíneo. Las hormonas aceleran la frecuencia respiratoria, el ritmo cardíaco, el metabolismo y la presión arterial. Los vasos sanguíneos se abren para permitir un mayor flujo de sangre y poner a los músculos en estado de alerta. Para mejorar la visión se dilatan las pupilas. El hígado libera parte de su glucosa almacenada para aumentar la energía del cuerpo. Y el cuerpo se enfría debido a la generación de sudor. Todos estos cambios físicos preparan al ser humano a reaccionar con rapidez y eficacia para poder soportar la presión del momento. Cuando los síntomas disminuyen, puedes notar náuseas o dolor de estómago y tener sensación de mareo. Sin embargo, aunque quien lo padece suele describir esta sensación de mareo, en realidad, más que mareo es temor a marearse.

—pero estas crisis de angustia y ansiedad no son nuevas ni su incidencia ha aumentado con la crisis —dijo Nio.

Aunque es cierto que existen muchos factores que tienen que ver para estar sometido a un estrés continuo —continuó explicando Nadezhda, aludiendo a la intervención del chico—. Perder el trabajo o la casa puede aumentar el riesgo de tener un ataque de ansiedad, sin embargo, ajenos a esos factores hay otros que complican las crisis de angustia. Cuando sufres de un ataque de estos, sientes la percepción de que tienes un problema físico, en lugar de uno emocional. Es decir, crees que estás padeciendo una enfermedad muy grave, como un infarto de miocardio que pone en peligro tu vida. A esto, también se le suma que has desarrollado los llamados síntomas de evitación, que no son otros que síntomas fóbicos por los cuales empiezas a sentir un miedo irracional y exagerado. Estos temores están estrechamente relacionados con la creencia de que si tienes un ataque cuando estas solo no vas a recibir ayuda, esto desarrolla autofobia. Al estar frente a desconocidos sientes que si te da un ataque quedarás en ridículo, de ahí viene la agorafobia y otra serie de miedos que pueden estar limitándote. Sufrir una crisis de ansiedad leve y aislada es normal y hasta benéfica, sin embargo, tus crisis se repiten y se desarrolla ese temor a que vuelvan a aparecer. Todo esto puede desencadenar la aparición de depresión, el consumo de alcohol u otras sustancias.

—¿Qué puedo hacer cada vez que he detectado que estoy sufriendo una crisis de ansiedad? —consultó el joven con cara de angustia.

—Intenta realizar técnicas de relajación, trata de no enfocarte en la situación y buscar ayuda, ya sea hablando de tu problema con otras personas o simplemente contar con su compañía. Recuerda que aunque no estás ante una enfermedad física no deja de ser un problema subjetivo y emocional. El miedo y la ansiedad muchas veces llevan a cerrar el círculo en torno a la enfermedad. Lo que tienes que buscar es enfrentarte a ella, no limitarte y llevar una vida normal. No puedes estar en casa con miedo a no salir, o tener miedo a alejarte de los sitios donde te sienten seguro, no puedes vivir dentro de esa cárcel mental. También es imperante evitar el consumo de alcohol o cualquier tipo de estimulantes, trata de llevar una vida organizada, dormir lo suficiente y evitar el estrés crónico excesivo —Nadezhda, al ver que el maestro se había olvidado del tema, con el fin de aclarar las dudas del chico, lo retomó preguntando—: ¿Cuáles eran las funciones y acciones maestro?

—Perdón, ya lo estaba olvidando —se disculpó el sabio y reanudó el tema—: estas funciones son: mantener el corazón latiendo, respirar en función de la necesidad del momento, comer para evitar la inanición, copular para la conservación de la especie. Acciones como buscar y repetir todo lo que es o cause placer, evitar o disminuir lo que cause dolor. Ante peligro inminente; luchar o huir, paralizarse en caso de no poder luchar o huir, con el fin de no sufrir dolor. Me atrevería a añadir una cuarta acción que he visto entre los animales que viven en sociedad: la sumisión, obviamente los humanos no son la excepción.

»Estas funciones y acciones tienen rangos jerárquicos. Por lo tanto, al estar ante un peligro inminente; salvar la vida es primordial. Así sea solamente un peligro imaginario, el inconsciente se regirá subordinando prioridades; dormirá, comerá o se procreará si sobrevive. Si permaneces atrapado por mucho tiempo en el estrés que supone la ansiedad, podrías ser vulnerable a padecer trastornos del sueño, alimenticios o sexuales.

—¿Crees que sea posible determinar los

factores de estrés que me provoca la ansiedad?

—Escucha con atención Nio, en cuanto llega a la mente el pensamiento, deseo o propósito de hacer algo, se activa una especie de cuenta regresiva. Las personas con trastornos de procrastinación, siempre llevan el conteo a números rojos. Con el tiempo, eso te juega en contra.

—¿A que crees que se deban todos esos trastornos? —volvió a indagar el joven.

El sabio comenzó a explicarle como la mayoría de los trastornos mentales se han masificado en las últimas décadas. Esto obedece en parte a la industrialización y a la reciente globalización. Estos dos fenómenos sociales, si bien es cierto, han traído avance y desarrollo sin precedentes para el progreso de la civilización. No obstante, todo este desarrollo trae consigo la semilla de un sinfín de trastornos físicos, mentales y emocionales. Por una parte, la producción y movilización de toda una gama de productos de consumo popular, para poder satisfacer el apetito cada vez más voraz, de una creciente sociedad de consumo, ha llevado a las personas a tener una vida muy agitada. Y es que te guste o no, la vida cada día se vuelve más monótona y robotizada.

Es un hecho, que el patrón urbano ha empujado a la mayoría a llevar un estilo de vida rutinario. Si a eso le agregas el hecho que cada vez te toca vivir más lejos del núcleo urbano, donde se encuentran prácticamente todos los productos de necesidades básicas. A eso se le suma que los trabajos quedan a una distancia muy lejana, con lo cual ya casi no queda tiempo para recrearse o para brindarle tiempo de calidad a los seres queridos. Todo esto se traduce para los adultos en un exceso de aislamiento, fatiga y estrés y, para los infantes y adolescentes en desapego y segregación. Todo esto se manifiesta en sentimientos de desamor y soledad, que con el tiempo se vuelven crónicos.

Por otra parte, se debe satisfacer esa necesidad insaciable de un mundo consumista, el cual parece un monstruo gigantesco con un apetito desmesurado. Todo esto ha llevado al hombre a desarrollar muchos productos sintéticos, tanto para la preservación y almacenamiento de productos naturales, como también para el consumo humano. Para transportar los productos a grandes distancias y facilitar el almacenamiento de los mismos, se ha recurrido al uso de conservantes artificiales (siendo el sodio principalmente la base) y envases hechos con derivados del petróleo. Los cuales son nocivos para la salud y cancerígenos en el peor de los casos. Estos envases liberan residuos tóxicos; son partículas que engañan al sistema endocrino; algunos actúan como inhibidores y otros como activadores hormonales.

Todos estos elementos tóxicos, engañan al cuerpo ya que tienen una estructura molecular muy similar a la de las hormonas. Se infiltran como si fueran hormonas, pero no actúan como tales. Ellos son responsables de la mayoría de trastornos que está atormentando a la humanidad. Hoy en día, es común ver mujeres menores de treinta años sufriendo de trastornos menstruales, o niñas de nueve años con senos bien desarrollados biológicamente. Hace poco más de cien años, las niñas empezaban la pubertad a los quince años de edad. Llegando consigo el desarrollo sexual, es decir: alrededor de los quince años les llegaba su primer período menstrual, y comenzaban a desarrollar los senos. De ahí proviene la tradición de culturas precolombinas como la maya o azteca que realizaban "rituales de pubertad" (fiesta de quinceañera), que indicaban que la niña comenzaba su vida sexual y entonces un hombre podía desposarla.

Cuando cumplían quince años las niñas eran llevadas a una escuela llamada Telpochcalli y allí le enseñaban cultura e historia y se las preparaba para contraer nupcias. Sin embargo, con la llegada de los españoles estas costumbres se acabaron, pero las niñas se seguían desarrollando con normalidad. Finalmente, la llegada de los envases a base de petróleo y los alimentos saturados de químicos, hizo que las niñas se empezaran a desarrollar cada vez más prematuramente, hasta llegar a lo que se está viviendo hoy. Por lo tanto, la industrialización y la globalización están afectando por activo y por pasivo a la humanidad, ya que modifican la EPIGENÉTICA, trayendo consigo todo tipo de trastornos.

Entre los trastornos físicos, los trastornos menstruales son muy recurrentes entre las mujeres jóvenes, que finalmente terminan en el desarrollo de quistes de ovarios y la matriz, o cáncer en el peor de los casos. Creeme que existe un sinfín de trastornos físicos que afectan a la población en general: problemas de obesidad, tiroides, etc. Los trastornos emocionales no son la excepción, los más populares son la ansiedad y la depresión, aunque existen muchos otros menos conocidos. La malnutrición también cumple un rol preponderante en los trastornos en general.

—Ya veo, ¿dijiste epigenética, que es eso?

—Es una ciencia poco conocida, que estudia y se refiere al conjunto de elementos funcionales que regulan la expresión génica del genoma. La epigenética confiere al cuerpo la habilidad de activar o desactivar ciertos genes sin modificar la secuencia del ADN. Las primeras apariciones de la epigenética en la literatura datan de mediados del siglo XIX.

—¿A mediados del siglo XIX, no dijiste que estábamos en el siglo XVII?

—Como te venía diciendo muchacho— dijo el sabio, pasando desapercibida la interrogante del joven—, aunque los orígenes del concepto pueden encontrarse ya con Aristóteles. Él creía que la epigénesis era el desarrollo de la forma orgánica del individuo a partir de materia amorfa. Esta controvertida creencia fue el principal argumento en contra de la hipótesis que mantenía que los humanos se desarrollaban a partir de cuerpos minúsculos completamente formados.

»Incluso hoy día, aún no existe un consenso universal acerca de hasta qué punto está el ser humano preprogramado o modelado por el ambiente. El campo de la epigenética ha surgido como un puente entre las influencias genéticas y ambientales. En la actualidad la definición más comúnmente encontrada del término epigenética es "el estudio de cambios heredables en la función génica que se producen sin un cambio en la secuencia del ADN".

»Imagina que el ADN es como una casa, y los muebles son como el epigenoma. Aunque cada uno decore la casa de diferente forma, la estructura de la casa seguirá siendo la misma. A este fenómeno se le llama memoria celular. Esto es que cada una de tus células va almacenando información, los primeros códigos se escriben durante la gestación fetal, y se reafirman en la niñez y la adolescencia. Por lo tanto las personas ya nacen predispuestas genéticamente a asimilar mejor los productos que se cultivan y se producen localmente correspondiendo a los hábitos alimenticios de tus padres. Cuando ingieres alimentos de otro ambiente, aunque sean muy nutritivos, tu organismo no sabe como sacarles provecho.

»A causa de la globalización, en la actualidad es normal ver gente de occidente consumiendo productos de oriente y viceversa. Esto equivale a poner a los leones a comer hierva y a las cebras a comer carne. Según sea el clima y medio ambiente de origen, cada sistema digestivo producirá las enzimas necesarias para una apropiada digestión de los alimentos. Por ejemplo: el organismo de los esquimales está mejor adaptado para procesar la grasa, debido al clima frío que estimula sus cuerpos a generar calor, lo que requiere de un alto consumo de calorías. Igual pasa con otros alimentos en otras poblaciones.

La noche expiró cediendo su lugar a una melancólica alborada, la cual fue melodiada por el fatídico eco de un campanario, anunciando un servicio fúnebre. Ellos pasaban por aquel lugar y Nio al ver que servían café a los invitados, incitó a sus nuevos amigos a ir por una tasa.

—El café es contraproducente para los problemas de ansiedad —musitó Nadezhda.

—Solo es para despabilarnos el sueño —replicó el joven.

—Es verdad Nio, el café frustra el sueño —dijo el sabio—. Sin embargo, Nadezhda tiene razón, ya que la cafeína cruza fácilmente la barrera hematoencefálica. Una vez en el cerebro, es un antagonista no selectivo del receptor de adenosina. La adenosina desempeña un importante papel como neuromodulador en el sistema nervioso central, a través de la interacción con sus receptores ampliamente distribuidos en los tejidos del cuerpo, produciendo vasodilatación, broncoconstricción e inmunosupresión. También tiene efectos sedantes e inhibitorios sobre la actividad neuronal. La cafeína suprime el sueño por el bloqueo del receptor de adenosina, ya que la molécula de la cafeína es estructuralmente muy similar a la de adenosina. Como se une a sus receptores en la superficie de las células sin activarlos, la cafeína actúa como un inhibidor competitivo.

»Existen evidencias que indican que las

concentraciones de adenosina cerebral se ven aumentadas por varios tipos de estrés metabólico, entre los cuales citamos: hipoxia e isquemia. La evidencia indica también que la adenosina actúa protegiendo el cerebro mediante la supresión de la actividad neuronal y también mediante el incremento del flujo sanguíneo a través de los receptores ubicados en el músculo liso vascular. Al contrarrestar a la adenosina, se reduce el flujo cerebral de reposo. La cafeína también posee un efecto desinhibitorio general sobre la actividad neuronal. Más allá de sus efectos de neuroprotección, existen razones para creer que la adenosina puede estar más específicamente involucrada en el control de los ciclos de sueño-vigilia. La acumulación de adenosina puede ser una causa primaria de la sensación de sueño que sigue a una prolongada actividad mental.

»El consumo excesivo de cafeína puede provocar intoxicación. Sus síntomas son: insomnio, nerviosismo, excitación, cara rojiza, aumento de la diuresis y problemas gastrointestinales. En algunas personas los síntomas aparecen aun consumiendo cantidades muy pequeñas. El cafeinismo generalmente combina la dependencia con una amplia gama de desagradables condiciones físicas y mentales, como nerviosismo, irritabilidad, ansiedad, temblores, contracciones musculares, insomnio, dolores de cabeza, alcalosis respiratoria, palpitaciones del corazón y agitaciones psicomotrices. Los síntomas de la intoxicación con cafeína son similares a los del pánico y ansiedad generalizada.

Después de ver que Nio terminó su café, el sabio sugirió al chico ir a un hostal de un amigo, para descansar unas horas y luego reanudar su camino.

—¡Buenos días señorita! Soy Tiksi, amigo de El Jireh.

—¡Buenos días distinguido maestro! El señor Jireh giró ordenes para que estuviera preparada una habitación para ustedes —contestó efusiva la recepcionista del hostal.

Nio sorprendido aún, ingresó a aquella modesta pero cómoda habitación. Cada uno se instaló en su cama. Cuando parecía que Nio se había quedado dormido, de repente se empezó a convulsionar. Se levantó con premura y por instinto localizó visualmente a sus amigos, quienes observaban en silencio. El chico despertó angustiado tratando de respirar.

—Estabas durmiendo tranquilo y despertaste asustado. ¿Acaso sentiste que caías por un precipicio o tuviste la sensación de tropezar al dormir —cuestionó Tiksi.

—Sí, sentí que caía a un precipicio cuando me estaba durmiendo.

—La sensación de caer al dormir tiene explicación. Te explicaremos por qué pasa esto y cómo evitar que te afecte en el sueño.

—¿Me podrías decir a que se debe?

—Se trata de mioclonías del adormecimiento, se estima que el setenta por ciento de las personas experimentan estas sacudidas durante el sueño. Las mioclonías del sueño son contracciones musculares involuntarias que ocurren justo cuando estás por quedarte dormido durante la fase de somnolencia. En esta transición entre vigilia y sueño tu sistema nervioso se relaja y ralentiza la respiración, disminuye la temperatura y relaja los músculos. Cuando los nervios fallan en este proceso de desaceleración, ocasionan los espasmos musculares. Por ello, cuando experimentas estos movimientos repentinos de músculos, causan sensación de caída, tropiezo o sacudida que terminan en un despertar sobresaltado. Por suerte, pese a que estos mioclonos (sacudidas musculares involuntarias) pueden ser molestos o perturbadores, no hay nada de qué preocuparse pues son trastornos del sueño benignos.

—¿Qué provoca estas contracciones musculares? —preguntó el chico.

—Los científicos las atribuyen a: ansiedad, estrés, consumo de alcohol y/o cafeína. Fuertes rutinas de ejercicio en la noche, dormir en posición incómoda, fatiga. Las mioclonías del adormecimiento pueden llegar a ser cíclicas si comienzas a dormir menos por la preocupación que te causan. Estar cansado contribuirá a que se presenten con más frecuencia.

—¿Cómo puedo prevenirlo?

—Procura consumir magnesio, esto disminuirá las contracciones musculares y nerviosas. Trata de tener ropa de cama y colchón cómodos, así como escoger una posición agradable para dormir.

—¿Quiere decir que estoy destinado a vivir con

este tormento toda la vida? Como podrás darte cuenta, sufro de estrés y ansiedad.

—Si sufres ansiedad o estrés, necesitas practicar ejercicios de relajación para conciliar el sueño, así como técnicas para afrontar estos problemas a largo plazo. Para algunas personas las mioclonías nocturnas pueden ser tan graves como la apnea del sueño. ¡No descuides tu descanso!

El día avanzaba, por lo que Nio procuró dormir. Bien entrada la tarde, Nio despertó en aquella habitación del hostal ubicado en la plaza. Al abrir los ojos se percató de la presencia de sus dos fabulosos amigos. Ellos conversaban, poniéndose de acuerdo. Al notar que Nio había despertado, una vez más centraron su atención en él. Nio se terminó de despertar con un estiramiento corporal, acto seguido, procedió a darse una ducha tibia. El vapor salía escandalosamente del cuarto de baño. Nio salió aún bostezando.

—Nio, no deberías bañarte con agua tibia por las mañanas —acotó el sabio—. Es mejor que te des un baño con agua templada, no muy fría como para enfermar. Un baño con agua templada te hará sentir más energizado. El baño con agua tibia es más recomendable antes de dormir, ya que ayuda a bajar la presión arterial, permitiendo la relajación.

El chico se terminó de vestir. Se dispusieron a seguir el camino. Al salir, vieron la marcha fúnebre del servicio que presenciaron por la mañana. Ellos siguieron dialogando acerca de la parquedad de la vida. Para Nio no era novedad pasar una noche en vigilia, pero haber pasado la noche anterior en compañía de aquellos seres fantásticos, era algo que lo llenaba de emoción. Nio pasó a comer algo y sus amigos lo acompañaron. Tras el ocaso, el crepúsculo hizo acto de presencia. Las nubes se desvanecieron y dejaron ver el índigo del cielo nocturno, dando paso al esplendor de aquella hermosa luna. Mientras caminaban, lograron apreciar la bruma que cubría el viejo cementerio de las afueras de la ciudad. A lo lejos pudieron vislumbrar a dos hombres armados con picos y palas, cavando en una lápida. Se trataba de la tumba de quién había sido enterrado aquella tarde.

—¿Quiénes son esos hombres? —Preguntó asombrado— ¿Por qué están profanando esa tumba?

—Como podrás darte cuenta, esto representa un cambio esencial en el modo de entender el cuerpo humano: Hasta hace poco, la medicina se había transmitido a través de los libros. Poco tiempo atrás, el libro quedó relegado a un segundo plano, prevaleciendo la experiencia personal y la observación atenta del cuerpo humano. Por esa razón, ser ladrón de cuerpos se ha vuelto un oficio muy lucrativo. Los hospitales universitarios pagan muy bien los cuerpos que necesitan para realizar sus estudios anatómicos. Como nadie quiere donar el cuerpo a la ciencia, la única forma de obtener material humano es utilizando métodos ilícitos. Esta situación ha generado una escalada de estrategias entre los ladrones de cadáveres y los familiares que no desean ver profanados los cuerpos de sus seres queridos. Las familias más pobres no pueden pagar las medidas de seguridad necesarias, de modo que son las más afectadas por el expolio de cuerpos. Inevitablemente, los que tienen menos recursos terminan en las mesas de disección. Pero esta macabra situación tiene sus implicaciones. La miseria está asociada a un estilo de vida determinado, donde son frecuentes la malnutrición crónica, las infecciones por parásitos y el estrés por sobrevivir.

»Estos rasgos específicos generan un determinado aspecto físico y un volumen distinto de los órganos internos. Esto ha provocado que los médicos y estudiantes empiecen a tomar como "normales " los tamaños de los órganos de las personas pobres, lo que solo debería ser considerado como una variante debido al estudio de un grupo concreto de cadáveres. Esto provoca serias implicaciones en los humanos. Por ejemplo, en situaciones de estrés, las hormonas segregadas por la glándula adrenal provocan un aumento del timo.

»Un médico que empezó a estudiar el síndrome de la muerte súbita infantil, observó que los bebés que fallecían por este motivo tenían el timo más grande de lo normal. Lo que estaba sucediendo es que los timos que él consideraba normales y utilizaba como referencia eran los timos atrofiados de los cadáveres de los más desposeídos. Esta conclusión lo condujo a una apreciación errónea: creyó que la muerte súbita en los bebés se debía a un timo demasiado grande que terminaba ahogándolos. De modo que se empezó a irradiar los timos de los bebés sanos de forma rutinaria para reducirlos, creyendo que así se evitaría este síndrome. Lo que se provocó fue un aumento del cáncer de tiroides y problemas de desarrollo en muchos niños. Esta práctica se prolongó hasta 1930.

—¿Te imaginas los errores que podrían estar cometiendo ahora con respecto a la ansiedad, basados en datos erróneos? —Intervino Nadezhda.

—Imagino que habrán cometido muchos errores involuntarios, en busca de la solución —opinó el chico, en defensa de la ciencia.

—Efectivamente —acotó el sabio—. Por ejemplo, la secuencia del genoma humano con la que los científicos están trabajando corresponde solo a cinco individuos.

—¿Qué nuevos tratamientos se desarrollarán basándose en estos datos sesgados y parciales? —Volvió a cuestionar Nadezhda.

—Solo el tiempo nos dará la respuesta. Desde siempre los médicos han investigado el cuerpo humano y constantemente descubren que en los distintos órganos no está la razón de lo que buscaban, y encuentran nuevas redes que enlazan unos con otros, nuevas causas y nuevas consecuencias.

Nio intervino una vez más y sugirió al sabio continuar con el tema que había quedado pendiente, acerca de la industrialización.

—Por supuesto, es preciso recordar que la industrialización ha traído productos a muy bajo costo, pero al más alto precio, ya que la materia prima para la conservación es el sodio. Cuando cocinas, eres conscientes de la sal que utilizas, sin embargo, cuando consumes alimentos procesados, no eres consciente de la cantidad de sal que estas consumiendo realmente. Así que, la solución no está en eliminar la sal que utilizas para condimentar los alimentos, sino en reducir al máximo los alimentos procesados que consumes. En un estudio, ratones que siguieron una dieta alta en sodio, eran incapaces después de pocas semanas, de identificar nuevos objetos, perdieron memoria espacial e incluso eran incapaces de fabricar un nido.

»La buena noticia es que los investigadores también vieron que los efectos de una dieta con exceso de sodio se podían revertir al poco tiempo simplemente volviendo a una alimentación normal y saludable. Esta investigación se suma a otra recientemente publicada en Nature, que alertaba del impacto negativo del exceso de sal en la dieta sobre la microbiota intestinal, el conjunto de trillones de microorganismos que habita sobre todo en el colón y que se encarga de funciones clave para el organismo, como entrenar al sistema inmunitario.

»El año pasado este mismo equipo concluía en un artículo en Nature Medicine que los cambios en el sistema inmunitario del intestino podían alterar el cerebro y su capacidad de reparar daños tras, por ejemplo, un infarto. Está demostrado en el caso de infarto y ahora de demencia, que el consumo elevado de sodio puede impactar de forma negativa en la salud cerebral en humanos, independientemente de su efecto en la presión arterial. Todos estos malos hábitos alimenticios afectan tu manera de pensar y de actuar ante diferentes circunstancias de la vida. Por lo tanto, cambios sustanciales en tu dieta podrían modificar tu manera de ver la vida y cultivar pensamientos positivos.

HIPGNOSIS 68

EMERGIENDO DEL AQUERÓN

En la mayoría de culturas desde la antigüedad hasta el presente, el alma ha sido representada metafóricamente por el águila. Por lo tanto, renueva esas fuerzas y vuela como lo que eres: «pero los que confían en Dios siempre tendrán nuevas fuerzas. Podrán volar como las águilas, podrán caminar sin cansarse y correr sin fatigarse. (Isaías 40:31).»

—¿Que es realmente el alma? —Inquirió el joven.

—El alma es la consciencia —dijo el maestro — y esta es esa facultad que te permite saber si lo que haces es bueno o malo. También es la que te da la certeza de la existencia. En concreto, la conciencia es quien crees que eres. Es por ello que se cree que en la consciencia residen simbióticamente, pensamiento voluntad y juicio. La consciencia es la esencia abstracta del ser humano. Citando al símil informático una vez más, tomemos como referencia la memoria RAM; es la memoria a corto plazo de la computadora. Su función principal es recordar la información que tiene en cada una de las aplicaciones. Esta memoria de corto plazo solo actúa cuando el equipo está encendido. Cuando guardas los datos, se graban en el disco duro de la computadora. Aquí es donde se instala el software y donde se almacenan los documentos y todo tipo de archivos.

El disco duro protege los datos a largo plazo, lo que significa que quedarán guardados incluso si se apaga el equipo. Al ejecutar un programa o abrir un archivo, la máquina lleva algunos de los datos desde el disco duro a la memoria RAM para que se pueda acceder a ellos más fácil y rápido. Sucede exactamente lo mismo con tu mente, solo que en vez de tener una computadora encendida, tienes que estar despierto. En este caso la conciencia es la que cumple la función de la memoria RAM.

—Entonces ¿qué es y dónde reside la consciencia o alma?

—A primera vista, parece bastante fácil distinguir qué es y dónde está el alma. Para las culturas antiguas, sin embargo, la cuestión principal en este punto era averiguar dónde se situaba el alma. En la búsqueda del alma, Descartes imaginó una estructura que llamaba la red extensa, la materia y paralelamente, una organización que podría denominarse conciencia, alma o pensamiento. El alma es lo que eres; recuerdos, sentimientos y experiencias que se acumulan en el cerebro para formar los engramas neuronales.

—¿Qué son los engramas neuronales?

—Te explico: imagina a las neuronas como un conjunto de píxeles y tu mente tiene cien mil millones de estos. Tu inconsciente es como una inmensa pantalla, pero es tu consciencia la que decide que imagen encender.

—Un momento —replicó el joven, y dijo—: si la consciencia gobernara la mente, mi vida fuera más sencilla.

—Efectivamente Nio, si tu conciencia no ejerce

su hegemonía sobre el inconsciente, él actuará.

—¿Eso quiere decir que la consciencia ejerce dominio sobre el inconsciente?

—Escucha, la mente está compuestas por tres entidades que cohabitan y ejercen una democracia recíproca como si se tratara de un vector de tres flechas que se empujan. La consciencia ejerce dominio sobre el inconsciente, el inconsciente lo hace con las emociones y las emociones lo hacen con la consciencia. Así que podemos aseverar que el alma o psique, las emociones, y el espíritu o inconsciente caben en el poco más de kilo y medio de masa gris.

Cuando los anatomistas realizan las disecciones, uno de los territorios que intentan descubrir es precisamente el cerebro y todo el sistema nervioso. Su estudio va revelando que existen unas configuraciones cerebrales concretas que sirven para determinadas acciones, y se van radicando o localizando los actos voluntarios en un lugar, las sensibilidades en otro. En definitiva, se van localizando y ubicando cada una de las facultades del cerebro, antes llamadas "facultades del alma". El alma es considerada por las religiones semíticas como un principio inmortal e inmaterial que piensa, siente y rige el cuerpo.

Muchos paleontólogos aseguran que la idea del alma parece un concepto tardío. Sin embargo, es increíble la persistencia de la concepción de la existencia del alma, que no se ha abandonado desde su "descubrimiento".

—¿De dónde nació esta idea?

HIPGNOSIS 71

—Se trata de un instinto muy humano. Me atrevo a aseverar que probablemente ese instinto haya despertado un deseo por entenderse a sí mismo; lo que llevó al hombre a concebir el concepto del alma. No solamente se trata de un deseo de comprender a las personas que te rodean: en la antigüedad incluso se creía que los árboles o las rocas tenían alma, en la Naturaleza había almas por doquier, porque siempre que se percibe algo parecido a una acción o cambio, se puede ver un alma. Sin embargo, la mayoría de animales ni siquiera se reconocen a sí mismos frente a un espejo. Otros, como los chimpancés, al igual que los humanos, se reconocen y parecen tener conciencia de sí mismos. No obstante, los seres humanos tienen imaginación, emociones y memoria: estas eran las tres facultades del alma, según el pensamiento antiguo.

La idea del alma ha evolucionado con el ser humano y se ha sometido a las leyes que conforman su concepto y aplican sobre esa idea sus previsiones e imaginaciones. Se pueden obtener pruebas de esta evolución realizando estudios psicológicos, ya que existe la tendencia a ver un agente motivador en las cosas. Los cerebros están programados para entender las intenciones de los otros, incluso se puede llegar a ver una intencionalidad en dos figuras geométricas que se mueven por una pantalla; si se desplazan de un modo concreto, quizá digas: "Mira, el círculo está persiguiendo al cuadrado". Así que el cerebro atribuye alma incluso a las formas abstractas. Se trata de un instinto muy humano.

Descartes planteaba una teoría basada en la dualidad y creía que la glándula pineal era la responsable de los reflejos, instintos y demás emociones. René Descartes estudió cómo la materia interaccionaba con el alma y viceversa. Así pues, Descartes, como otros muchos anatomistas y científicos, asignaron un lugar al alma o, por decirlo de otro modo, convirtieron el alma en carne. Algunos filósofos y teólogos pensaban que el alma estaba en el corazón, y otros, entre ellos los primeros grandes científicos, opinaban que el alma residía en el cerebro.

—En fin, ¿El alma está en el cerebro o el corazón?

—¿Qué te diré muchacho? Los sacerdotes egipcios al momento de momificar a los faraones, extraían el cerebro de los cadáveres, cuando preparaban el viaje al más allá y, sin embargo, dejaban intacto el corazón. En el Antiguo Egipto creían que el corazón era el centro de la vida y, por tanto, el alma residía en él. El cerebro, por el contrario, era considerado una glándula de aspecto desagradable y de irritante inutilidad. Aristóteles también creía que el corazón constituía el centro de la vida. Muy poca gente pensaba en el cerebro como lo hacemos en la actualidad, como el lugar en el que se ubica el sentido del yo, la personalidad, los recuerdos. El corazón, como residencia del alma, fue un concepto muy poderoso durante siglos.

»En la Edad Media, incluso se se ha llegado a creer que cada persona tiene tres almas: una en el hígado, otra en el corazón; la tercera es el alma racional. El alma racional no se ubica en ningún lugar concreto, ya que se cree que es un alma inmaterial. Así que el corazón aún sigue considerándose como un órgano central en lo relativo al alma. Esto nos ha dejado imágenes de Jesús "abriendo su corazón". Las imágenes de Jesús abriendo su corazón guardan relación con esa idea del hombre mostrándonos su verdadero yo. Se cree que lo más recóndito de cada ser está en el corazón. Las ideas culturales son muy persistentes en este sentido y hoy mantenemos frases como: "abrirle el corazón a alguien", "partir el corazón", "con el corazón en la mano"; todas ellas son herencia de esa idea antigua según la cual lo más profundo del ser humano se halla, precisamente, en el corazón. A finales del siglo pasado y principios del presente.

Mientras el sabio continuaba explicando, el joven fruncía el entrecejo, en una evidente señal de desacuerdo. Toda aquella serie de anacrónismos que el sabio le decía, lo tenían contrariado. Sin embargo, Nadezhda se las arregló para atraer su atención con un movimiento discreto, para sugerirle tranquilidad con la mirada. Pero el chico no pudo superar su incomodidad. Se sentía inconforme, también sentía temor y recelo por saber con exactitud en que época se encontraban. Con la garganta reseca por el nerviosismo, carraspeó para evitar chillar al hablar y preguntó:

—¡Un momento! Has dicho que estamos en diferentes épocas de la historia. Pero yo recuerdo que te conocí en el siglo XXI. ¡Dime por favor! ¿En que año estamos?

—Muchacho, te preocupas mucho por el tiempo. Vive el presente, la depresión es exceso de pasado y la ansiedad es exceso de futuro. El presente se llama así, porque es un regalo, ¡disfruta tu regalo!

—Perdón. Haber dime, si todo era materia, ¿Entonces los males del alma serían necesariamente físicos? Interrumpió el chico.

—Precisamente, Thomas Willis apareció con una revolucionaria teoría. Él fue el primero que advirtió que todo estaba en el cerebro. Y, en cierto modo, se refería al hecho de que el alma se transforma en carne en el cerebro. Desde luego, se trataba de un modo totalmente nuevo de reflexionar sobre la naturaleza humana. La memoria, la capacidad de aprendizaje y las emociones son en realidad producto de los "átomos" del cerebro, de la química. Nadie había pensado eso antes. Thomas Willis y sus colegas fueron los que llegaron a esta idea. Se trata de una idea revolucionaria.

»Él no es perseguido por sus ideas como ocurrió con otros. Hubo grandes persecuciones contra filósofos, teólogos y científicos que profesaban ideas parecidas a las de Willis. Descartes, por ejemplo, sufrió el acoso de la Iglesia. Es innegable que él dio los primeros pasos hacia las concepciones de "mente" y "cerebro". Willis inauguró la era del cerebro. Thomas Willis, pionero en la neurociencia, propuso que los trastornos mentales, como la depresión o ansiedad se podían curar con sustancias químicas y preparados farmacéuticos capaces de restablecer el equilibrio del fluido nervioso.

»Fue una idea pionera de Willis: la posibilidad de curar mediante procesos químicos. Él estaba plenamente convencido que los fármacos y las manipulaciones físicas podían curar todas las enfermedades. No tenía ninguna duda al respecto. Así que, en cierto modo, de nuevo, estaba avanzando lo que sería la futura neurofarmacología. Creo que en este sentido Thomas Willis jugó un papel realmente decisivo. Se trata de algo que se suele pasar desapercibido: su idea era que se podían curar todas las enfermedades mentales mediante la alteración química de la actividad cerebral. Por ejemplo, él explicaba que un ataque epiléptico podía estar causado por un desbalance químico, como la pólvora que explota si no se mantienen ciertas condiciones en el entorno. Se trataba de una manera de razonar muy distinta a la que imperaba entonces, cuando la gente decía que los epilépticos estaban "poseídos por el demonio". Y en el caso de la melancolía, decían que se debía a la bilis negra.

»Thomas Willis recetaba una especie de jarabe confeccionado mediante una fórmula "secreta". Se hizo rico con sus pócimas, se lo administraba a la gente diciendo: "Esto te curará porque modificará la química de tu cerebro". En realidad, este es el paradigma con el que se trabaja en la actualidad: cuando alguien toma un medicamento cualquiera, lo hace con la convicción de que podrá modificar los aspectos fisiológicos nocivos que le están afectando y lo hace con la convicción de que esa sustancia química modificará los elementos negativos. "No es tan difícil modificar las acciones del cerebro. De hecho, si bebes vino -una sustancia química-, tu cerebro modifica notablemente su capacidad de atención, de percepción, y por tanto, se modifica también el carácter.

—¿Crees que el uso de sustancias químicas me ayude a restablecer el funcionamiento de la mente?

—Aunque en la actualidad los fármacos contra la ansiedad, la depresión, la timidez o la hiperactividad, forman parte de la cultura popular. Con base en esto, tendríamos que cuestionar: si operas bajo el efecto de sustancias químicas ¿encontrarás lo que realmente quieres? ¿Serán esas sustancias químicas la mejor opción para lograrlo? Yo no te recomendaría confiar la salud mental en dichas sustancia. ¡Presta mucha atención: cualquier sustancia altera tu capacidad cognitiva, algunas la aletargan y otras la aceleran! Muchas de ellas las has ingerido de forma regular desde la infancia (como la cafeína), de tal modo que nunca serás capaz de notar sus efectos. Tomar ansiolíticos o somníferos, es equivalente a embriagarse para olvidar los problemas. Mientras estás bajo los efectos del licor, olvidas los problemas, pero al disiparse, los problemas siguen contigo y puede que sean aun peor. Sucede exactamente igual con los fármacos. Por esa razón, debes buscar el equilibrio químico naturalmente.

—¿Entonces qué me recomiendas?

—Practica mucho el diálogo interno, tus pensamientos cambian la química en el cerebro y viceversa.

—¿Qué es el diálogo interno?

—Se trata de tomar el control de tus emociones y prestar atención a cada uno de tus pensamientos. Cada murmullo o susurro que escuchas, es importante, pero debes ecualizar esas voces que resuena en tu mente, para prestarle atención a los detalles. Tienes que aprender a liderar el dialogo contigo mismo y ordenar las prioridades.

—¿Sabes? ¡Ya lo he hecho y siento como que estoy quedando loco! —le dijo el chico, con la mirada llena de incertidumbre.

—Diálogo interno no es locura. En realidad tu mente está teniendo un debate interno entre sus entidades; consciente, emociones e inconsciente —el sabio le contesto sumamente preocupado, por el desconcierto del chico. Y continuó explicando—: Las persona con demencia, creen estar hablando con agentes externos. Por otro lado, es imperante dormir. Numerosos estudios científicos sobre el sueño, demuestran que el estrés es el primer factor extenuante de un verdadero descanso. No se trata solo de acontecimientos adversos o traumáticos, sino también inmensa alegría o éxtasis placentero, los cuales también son estresantes y dificultan en muchos casos el sueño.

»El estrés supone una severa tensión psico-muscular como manifestación fundamental, la cual cede paso, según las circunstancias, a estados emocionales extremos que entorpecen el ciclo circadiano. Estos pueden ser: fatiga, ansiedad, ira, temor, y desde luego, la depresión. Esto se vuelve un círculo vicioso, ya que no dormir suficiente, también agudiza el estrés. El sueño es un desensibilizador emocional. El descontrol de las emociones y la ansiedad son ocasionados por la carencia de sueño, ya que se perturba el proceso de las imágenes emocionales y reduce la capacidad del cerebro para razonar. El insomnio impacta el procesamiento emocional afectando como procesa el inconsciente las imágenes neutrales.

—¿Qué quiere decir eso?

—Significa que pierdes la imparcialidad intuitiva y con esto, la habilidad para separar los eventos e imágenes que son neutrales de las que son importantes. Esto te hará aumentar el nivel de ansiedad y la pérdida de control emocional. Estimulándote a sentir que todo es peligroso o relevante. En otro estudio para determinar la importancia del sueño y cuales eran los efectos que tenía sobre la salud física y mental, se tomaron dos rondas de evaluaciones, mientras se les escaneaba el cerebro.

»A los sujetos de la evaluación se les mostraron una serie de imágenes en la noche (negativas, positivas y neutras). Luego los dividieron en dos grupos. Al siguiente día, el primer grupo se expuso a ver las imágenes después de una buena noche de sueño, mientras que al segundo, se le realizó la misma prueba después de haber pasado toda la noche sin dormir en el laboratorio. La reacción emocional de los que habían descansado fue totalmente coherente a la imagen que estaba viendo, en comparación a la noche anterior. Por otro lado, la reacción de los que no habían dormido, fue más intensa y no hacían distinción entre lo positivo, negativo y neutro. Esto significa, según este estudio, que el desvelo dispara las respuestas emocionales aun cuando las imágenes son neutrales. Esto explicaría el descontrol emocional.

»Pero el estudio no acaba aquí. Los científicos hicieron otro experimento para evaluar el efecto de la deprivación de sueño en la habilidad de concentración. Después de una mala noche de sueño, los participantes estaban distraídos en todas las imágenes. Así también las resonancias neurológicas demostraron cambios en la activación de la amígdala, el área cerebral implicada en el procesamiento emocional. En este estudio, se les mostró a los participantes una serie de imágenes neutrales y emocionales mientras realizaban una tarea que exigía de su atención.

»El desvelo provoca que sientas un huracán de emociones, aun cuando los eventos no son muy importantes y hace que pierdas la habilidad para organizar y descartar información. Esto explica por qué es tan importante que las personas con trastorno bipolar tengan una buena rutina de sueño. Así que ya sabes, deja de quedarte despierto hasta tarde y dale más importancia al descanso. En resumen, dormir es la clave que te ayudará a solucionar tu problema, así estarás más relajado y tendrás un mejor balance emocional.

El joven a pesar de todas las cosas que el sabio le había dicho, aún se resistía a abjurar con respecto a sus creencias limitantes. El sabio y la bella joven guardaban silencio, dando lugar a la aceptación por parte de Nio; de las nuevas creencias.

—Entiendo, pero... ¿Qué puedo hacer con este infierno? ¡El desasosiego físico y mental al llegar la hora de dormir me atormenta! —exclamó llevándose las manos a la cabeza, de la desesperación, queriendo aferrarse a su obstinación, y continuó—: Siento mucho sueño, me gustaría quedar profundamente dormido. Estoy en la cama y espero que la consciencia vaya perdiendo presencia para dar paso al sueño. Lógicamente, en ese contexto, el cuerpo debe sentirse relajado y sin ánimos de moverse. Luego, mi mente empieza a saturarme con miles de pensamientos. Esto genera un sentimiento de desasosiego; una incitación al movimiento, llegando incluso a hacerme levantar y mover las piernas con tal de librarme de ese acoso. Al hacerlo, las molestias desaparecen para reaparecer ante un nuevo intento de dormir. Es como si mi mente contraviniera mi deseo de dormir.

—Quiero dormir —digo yo.

—¡No te duermas, camina! —me dice la mente.

Por un momento, al joven se le empezó a diluir la mirada entre lágrimas. Recordar tantas noches de tormento mental, parecía causarle dolor. La chica se limitó a frotarle cabello con su delicada mano, y le susurró: todo va a estar bien. El sabio en cambio, inmutado ante aquella escena, se limitaba a planificar como ayudar a aquel angustiado joven. En medio del silencio y las sombras; las miradas hablaban: la del joven, parecía gritar clamando auxilio; la de la chica, parecía un arrullo dando consuelo; y la mirada del sabio, parecía decir fríamente: todo va a salir bien. Finalmente, el sabio decidió romper aquel silencioso coloquio, y dijo:

—Nio, para sosegar la mente es bueno que practiques la meditación.

—Es lo que busco evitar; la avalancha de pensamientos que me abruman.

—¡Respiración! —intervino Nadezhda—. Enfocate en la Respiración. Esto liberará tu mente de cualquier pensamiento. Recuerda que no es lo mismo meditar que reflexionar; muy a pesar que la RAE los encasilla como sinónimos. Reflexionar es pensar y considerar un asunto con atención y detenimiento para estudiarlo, comprenderlo bien, formarse una opinión sobre ello, o tomar una decisión. Ejemplo: Quiero que reflexiones lo que estás haciendo de tu vida. Reflexioné acerca de lo que sucedió y llegué a la siguiente conclusión... Meditar es en cambio el primer paso para disminuir la cantidad e intensidad de los pensamientos. Es una oración o plegaria que se hace en silencio, para que tu inconsciente no dirija tu vida, sino que se convierta en un fiel y devoto servidor que te ayude a conseguir aquello que te propones. Un verdadero aliado que camina a tu lado mansamente, esperando que lo dirijas en la consecución de tus sueños.

Al punto que la joven terminó de dar su explicación, el sabio se aprontó a contar esta fábula alegórica:

»Había un matrimonio muy pobre en un reino, cuyo rey parecía no tener siervos. Un día, la mujer llena de intriga decidió espiar al rey, para saber cómo este lograba acoger a sus invitados en los banquetes. Etonces a la mujer le surgió una duda: ¿cómo le era posible mantener limpio y ordenado aquel enorme palacio, si no tenía siervos? La mujer se posicionó de tal manera que le permitiera ver al rey, sin el peligro de ser descubierta. Para su sorpresa, vio como aquel rey tenía varios querubines a su servicio, los cuales se inclinaban a él con reverencia y le consultaban cómo le podían servir. Al ver que aquellos querubines hacían cualquier cosa, con solo chasquear los dedos, la mujer regresó a casa fascinada, fantaseando con todo los lujos que podría obtener si pudiera poseer uno de aquellos querubines. Por lo que se fijo una meta en mente; persuadir a su esposo de ir a pedirle un querubín al rey.

—¿Sabes algo? —Preguntó la mujer.

—¡Dime mujer! —Exclamó el hombre.

—Esta mañana estuve espiando al rey —comenzó diciendo la ambiciosa mujer— y me di cuenta que posee unos querubines que hacen todo lo que él les pide, con un solo chasquido.

—¿Y que con eso mujer?

—Que si lograras convencer al rey de darte un

querubín de esos, ¡dejaríamos de ser pobres! —dijo la mujer con los ojos llenos de codicia.

»El hombre aceptó de mala manera ir a hacerle la petición al rey. Mientras caminaba hacia el palacio, se terminó de convencer al imaginar todos los beneficios que tendría al poseer un querubín. Mientras se acercaba, el temor a recibir una negativa como respuesta, lo hacia dudar por momentos. Finalmente llegó a la puerta y esta se abrió, el hombre caminó hasta la sala de banquetes, donde el rey disfrutaba con sus convidados.

—Buenos días buen hombre —lo saludó cordialmente el rey y con mucha amabilidad le preguntó qué lo traía por su palacio.

—Buenos días mi señor —respondió el saludo, a la vez que se disculpó, visiblemente avergonzado por su irrupción—: disculpe mi señor por la osadía, pero mi esposa accidentalmente se percató que usted posee unos querubines que son capace de cumplir cualquier deseo.

—Así es buen amigo.

»Entonces, aquel hombre con nerviosismo y reverencia hizo la suplica al rey.

—Si no es mucho mi atrevimiento, como usted podrá darse cuenta, su siervo es pobre y apenas tiene para sobrevivir. Si yo encontrara gracia ante mi señor y obtuviera uno de esos querubines, mi vida cambiaría para bien. Por lo que suplico a mi señor misericordia con su siervo y me obsequie un querubín.

»A lo que el rey con amabilidad respondió:

—Con gusto. Por mi parte no hay inconveniente en darte un querubín. Sin embargo, no es una tarea fácil controlarlo. Es cierto lo que te dijo tu mujer; este querubín te puede conceder los deseos que lleguen a tu corazón. Déjame traerte una Oniria.

—¿Oniria? —Preguntó el hombre.

—Sí, es la redoma donde habita el querubín —le dijo el rey y acotó con una advertencia—: a propósito, cuando lo haces volver de su Oniria, él llega para conceder todos tus deseos. Pero después de concederte el primer deseo, no puedes parar de pedirle más y más deseos, porque cumplir deseos es su alimento y si dejas de alimentarlo, él se pone furioso y violento; seguro te cortará la cabeza. ¿Aún así te lo quieres llevar? —preguntó el rey al hombre.

»A lo que el hombre respondió:

—¡Por supuesto!

»Aquel hombre regreso a casa muy feliz por haber alcanzado el objetivo de haber persuadido al rey de darle un querubín. Los minutos para llegar a casa y contarle a su esposa que poseía al querubín, se le hacían eternos. Una vez que llegó a casa, gritó:

—¡Mira mujer, el querubín de los deseos es nuestro!

»A lo que la mujer contestó:

—¡Felicidades, sabía que podías lograrlo!

»El hombre ansioso por comprobar lo que su esposa le había dicho, hizo salir al querubín. Cuando este apareció, los dejó atónitos con su majestuosidad, lucía con prendas de lino fino, plisadas y una mitra escarlata. Portaba una espada ancha y curva, de una aleación de oro y rodio, con un filo diamantado, la empuñadura era de marfil con incrustaciones de piedras preciosa. El querubín al verlos absortos les dijo:

—Vosotros sois mis amos y yo vuestro siervo. Pedidme lo que desee vuestro corazón, que yo os lo concederé.

»Entonces aquel hombre le dijo:

—Quiero una casa grande y hermosa, llena de lujos, cual no hay en la región.

»Aquel querubín dio un chasquido y aquella casa apareció llena de lujos, hermosa como ninguna.

—¿Cuál es tu siguiente deseo amo? —le preguntó el querubín.

—Ahora quiero que revistas la casa con los muebles más finos.

»Una vez más, con un movimiento circular de sus manos, cerrando los ojos y frunciendo el seño, dio su peculiar chasquido. Al instante la casa fue revestida con los enseres mas finos de la región (sofás elaborados con piele exóticas, lámparas con acabados de marfil, pisos de mármol, cortinas de seda fina; en el pasillo principal, un biombo de acacia, con acabados de oro refinado). La casa quedó perfumada con tenue aroma a canela.

—¿Cuál es vuestro siguiente deseo amo? —volvió a preguntar el querubín.

»A lo que la mujer se adelantó:

—Quiero que nos vistas con trajes de gala y nos sirvas los más finos y delicados manjares.

»Una vez más, aquel querubín de un chasquido,

los vistió con las más finas prendas e hizo que aquellos manjares aparecieran frente a la pareja. Al ver que el matrimonio comía plácidamente, el querubín volvió a preguntar:

—¿Cuál es el siguiente deseo amo?

»El hombre respondió visiblemente irritado:

—Deseo que nos dejes comer tranquilos.

»Aquel querubín agachó la cabeza y lleno de indignación, tomó su espada y con un enojo más que evidente por la altivez de aquella pareja, empezó a desenvainarla lenta y delicadamente, mirando con los ojos cosumidos en furia dirigidos a aquel hombre. Al ver esto, el hombre balbució y dijo:

—Un momento, puedes construir un jardín en el patio de la casa.

»Una vez más, el querubín sonrió y de un chasquido, aquel jardín apareció.

—¿Cuál es vuestro siguiente deseo amo? —volvió a preguntar el querubín, con la alegria dibujada en los labios.

—Deseo que hagas un Arroyo con su respectivo puente, que atraviese el jardín.

»El querubín de un chasquido creo aquel Arroyo cruzado por un hermoso puente decorativo.

—¿Cuál es tu siguiente deseo amo?

»El hombre, desesperado por no tener más ideas, lo mandó a destruir el arroyo y volverlo a construir, hizo lo mismo con el puente, y así una tras otra, hizo destruir y reconstruir cada una de las cosa que ya se le habian ocurrido. Su vanidad le había consumido la creatividad. Cuando llegaba la noche tenía que turnarse con su esposa para pedir los deseos ya que si se dormían podían perder la cabeza. Así pasaron los meses, pasaron los años. Hasta que un día aquel humilde hombre, decidió ir a buscar al rey.

—Mi señor, suplico perdone mi atrevimiento una vez más. ¡Vengo a suplicarle
    que me ayude por favor!

—¿Qué te sucede buen hombre? —preguntó el rey.

—No puedo apaciguar al querubín.

»El hombre se sentía desesperado e impotente de ver que algo que él creyó en un momento sería de bendición, se había vuelto una maldición.

—¿Cuál es el problema?

—Necesito de su ayuda. Ya no soporto ese querubín —le dijo el hombre desesperado—. Ya no sé que hacer para librarme de él. Tenemos que turnarnos mi esposa y yo por las noches, para no parar de solicitar deseos. Casi no podemos descansar con el temor de que este querubín nos corte la cabeza.

—Yo te lo dije buen hombre: controlar este querubín, no es tarea fácil.

—¡Por favor! ¿podría venir y apaciguarlo?

—¡Pero por su puesto que sí buen hombre! —respondió el rey.

»El rey montó su hermoso caballo blanco y emprendió la marcha hacia la morada de aquel asustado hombre. Inmediatamente al verlo, el querubín lo reconoció de inmediato, despues de reverenciarlo dijo:

—¡Cuanto gusto de volverte a saludar amo! —saludó el querubín efusivamente al rey y le preguntó —: ¿Hay algo que pueda hacer por ti?

—Sí —contestó el rey—. Quiero que sujetes un cable de la Tierra a la luna.

»Una vez más, aquel querubín, como siempre, dio un chasquido y sujeto aquel cable de la tierra a la luna.

—¿Qué otra cosa puedo hacer por ti amo? —le volvió a preguntar.

—Ahora quiero que lo escales y regreses, y sigas repitiendo el proceso hasta que yo te ordene detenerte.

»El querubín comenzó a subir y bajar através del cable. Después de un buen rato, el querubín ya cansado, mandó a llamar al rey. Cuando el rey llegó, el querubín le suplicó que le permitiera regresar a su Oniria, prometiendo que no desfundaría su espada contra aquel asustado matrimonio.

Nio se encontraba fascinado escuchando aquella alegoría. Al terminar de contarla, el sabio le empezó a explicar:

—Escucha Nio, el rey simboliza a Dios, el reino simboliza tu mente, la esposa representa las emociones, el hombre representa la consciencia y el querubín al inconsciente. El cable atado de la tierra a la luna, representa tu respiración. Si te concentras en ella, verás que tu inconsciente se rendirá y se irá para Oniria; su morada.

—¿Es acaso posible identificar el inconsciente?

CONOCIMIENTO LARVADO

EL espejo es la metáfora del inconsciente o espíritu, ya que tiene la capacidad de reproducir los reflejos del mundo visible en su realidad formal. Los cristianos primitivos dejaban ver entre líneas versos alegóricos donde el espejo era claramente la metáfora del espíritu: «Porque en parte conocemos, y en parte profetizamos; mas cuando venga lo perfecto, entonces lo que es en parte se acabará. Cuando yo era niño, hablaba como niño, pensaba como niño, juzgaba como niño; mas cuando ya fui hombre, dejé lo que era de niño. Ahora vemos por espejo, oscuramente; mas entonces veremos cara a cara. Ahora conozco en parte; pero entonces conoceré como fui conocido. Y ahora permanecen la fe, la esperanza y el amor, estos tres; pero el mayor de ellos es el amor. (1 Corintios 13:9-13).»

«Porque si alguno es oidor de la palabra pero no hacedor de ella, este es semejante al hombre que considera en un espejo su rostro natural. Porque él se considera a sí mismo, y se va, y luego olvida cómo era. Mas el que mira atentamente en la perfecta ley, la de la libertad, y persevera en ella, no siendo oidor olvidadizo, sino hacedor de la obra, este será bienaventurado en lo que hace. (Santiago 1:23-25).» Por esas mismas razones, Muchos filósofos en casi todas las culturas y durante toda la historia, lo han asociado con el pensamiento y la imaginación, ya que el espíritu es el vehículo mental donde se produce la auto contemplación; el reflejo del alma y del Universo.

—Si el espejo es la metáfora del espíritu —interrumpió el joven al sabio, a la vez que lo cuestionó—: ¿Por qué es mencionado con frecuencia en leyendas y cuentos infantiles como algo mágico? ¿es que acaso el espíritu es mágico?

—Recuerda que en un pasado no muy lejano, la tecnología aún no contaba con los avances de los que goza hoy en día. En la actualidad ver un aparato que emita tu imagen es algo común, por tanto, el hecho de ver que un objeto era capaz de reflejar tu imagen, invitaba a creer que se trataba de algo mágico. Además de reflejar tu imagen, es capaz de proyectar las imágenes que ocurrieron en un pasado inmediato, ya que al girar la cabeza para observar, ya no sé ve lo mismo, o simplemente te permite ver en el presente lo que está sucediendo a mucha distancia.

»Además, el espejo te muestra la verdad, cosas que a simple vista no puedes ver, pues él tan solo refleja lo que ve; del mismo modo sucede con el espíritu, él puede reflejar el alma sin las máscaras o escudos que los seres humanos usan para protegerse. Así como los espejos tienen la cualidad de ver el rostro tal como es, así el espíritu puede ver el alma tal cual es. Por esa misma razón en otras culturas los espejos son símbolos mágicos de la memoria inconsciente.

—¡Muy interesante! Con tu explicación me acaba de surgir otra duda, ¿crees que la estructura del espejo tenga alguna relación alegórica con todo lo que me acabas de decir?

El sabio le empezó a explicar con su peculiar y ecuánime estilo:

—En efecto, el cristal como parte esencial de los espejos, refuerza el simbolismo del espíritu, debido a su auto luminosidad de visión interior perfecta y de pureza. Para muchas culturas antiguas, el cristal simboliza la perfección espiritual. Esa transparencia que hace que el cristal exista y al mismo tiempo escape a la vista; su cualidad que nos permite ver a su través, lo convierte en un intermediario entre el mundo visible y el invisible, hace que esto constituya la base simbólica de la sabiduría y la intuición, además de todas las facultades y poderes misteriosos del espíritu.

—¿Qué es el espíritu en sí? ¿Es posible saberlo?

—¿Alguna vez oíste decir que el ser humano solo usa un diez por ciento de su capacidad mental? Esa afirmación es falsa. Pero puede tener cabida en cuanto al uso consciente del cerebro. En realidad el ser humano no usa conscientemente más que un tres por ciento de su mente, el noventa y siete por ciento restante de su mente, es usado inconscientemente. Para darte una idea de la magnitud del inconsciente, imagina la mente como un iceberg, la consciencia es solo la punta del mismo; lo que está sumergido dentro del agua, representa al inconsciente. La consciencia es la parte subyugada o civilizada de la mente (el alma), mientras que el inconsciente es la parte indómita o primitiva de la mente (el espíritu).

—Ya veo, ¿quiere decir que deberíamos usar más nuestra mente inconsciente, o sea nuestro espíritu?

—No —la respuesta de Tiksi fue contundente, y continuó diciendo—: en realidad se trata de usar ambas partes de la mente, tratando de conciliar una simbiosis entre la parte consciente y la inconsciente; la razonable y la intuitiva. Con el fin de tener un buen funcionamiento con la parte emocional. El mundo inconsciente, es inmensamente extenso. Ves más de lo que ves, oyes más de lo que oyes, pero no te das cuenta, es decir: no eres consciente de ello. En pocas palabras, tienes una extensión inconsciente de todos los sentidos, lo que significa que sientes más de lo que eres capaz de ser consciente. A eso se le denomina: intuición.

—¿Será cierto que el inconsciente se refleja a través de la familia? Ó, ¿Por qué algunos dicen que al observar la familia se puede conocer el inconsciente?

—Conocer el propio árbol genealógico en cierta forma es como conocer tu inconsciente. Lo que está "escrito" en el árbol genealógico, también lo está en el inconsciente, por consiguiente, los traumas familiares los vas a repetir, a menos que los conozcas y los trabajes. Son lo que se llaman rasgos o factores de personalidad hereditarios, también son conocidos como maldiciones generacionales. Para que puedas reconocer dichas conductas hereditarias, es importante que te mantengas alerta, ya que la parte inconsciente no sale a flote solo en la conducta de nuestra familia, recuerda que ellos pueden tener traumas que guardan celosamente y no los dejan a la vista de los demás.

»Por esa razón, también debes poner énfasis en tus sueños. Debes prestar mucha atención ya que el inconsciente toma parte activa en las horas de sueño: recuerda que el sueño es el tiempo de mantenimiento para el cuerpo y la mente. Durante las horas de sueño, tu ser, se autorregenera totalmente, esto incluye cuerpo y mente. Los traumas pueden estar manifestándose en el cuerpo, en forma de síntomas, enfermedades y/o trastornos, o en la mente, a través de sueños terribles (pesadillas), pensamientos negativos y/o sensaciones premonitorias.

—¿Entonces crees que mi mala suerte se deba a una maldición generacional?

—Definitivamente mi estimado, aunque la mala suerte no existe, si pueden haber malas rachas en la vida, debido a malas decisiones. Tal vez no has llegado a ser consciente de estar estancado, viviendo una vida cíclica. Estos ciclos están bien definidos: ocho años de decadencia y desgracia, contrastados por cinco años de bonanza.

Esto ya era demasiado. El chico no daba crédito a lo que acababa de escuchar. Aquella revelación lo enajenó en un trance hipnótico. Su mente viajó por el tiempo, y empezó a recordar toda su vida desde muy temprana edad. Ahora todo empezaba a tener sentido. Después de recuperarse de aquella situación nauseabunda, preguntó:

—¿Cómo se supone que puedo lograr detectar

esos traumas, para posteriormente trabajar esa conducta hereditaria de la que me hablas?

—Es necesario practicar lo que se conoce como la incubación del sueño y la catarsis.

—¿Has dicho incubación del sueño y catarsis? ¿me podrías enseñar como hacerlo?

—La catarsis, que puede traducirse como "purga" o "purificación". Su sentido original refería al procedimiento para purificar o sanear a aquellos individuos u objetos que tenían algún tipo de impureza. Precisamente ese término griego fue en el que sirvió de inspiración para dar nombre a un grupo religioso francés del siglo X, cuyos miembros se hacían llamar cátaros, "puros". El catarismo entre los antiguos griegos, purificación de las pasiones del ánimo mediante las emociones que provoca la contemplación de una situación trágica. Esto permite la liberación o eliminación de los recuerdos que alteran la mente o el equilibrio nervioso. Pero debes tener mucho cuidado, a la catarsis y el sadismo solo los divide una linea muy fina.

»Por otro lado, la incubación del sueño es una técnica que se practica con el objeto de aprender a "plantar una semilla" en la mente. Existen leyes universales: las leyes físicas también lo son espirituales. Esto corresponde a la ley de la siembra y cosecha. De tal manera, la mente es la tierra; el pensamiento es la semilla; las acciones son el agua; y los sentimientos son el sol. De este modo podrás originar un sueño relacionado con tu inquietud en particular; ya sea con la intención de recrearte o bien con la intención de resolver un problema. Lo más importante respecto a la incubación del sueño, es la intención con la que lo haces. Debes tener la total certeza que obtendrás la respuesta adecuada a lo que preguntas, y que además la tomarás en cuenta por ser la más acertada. Dios pone toda la información del universo a tu alcance, en forma de información simbólica. Solo debes tomar cuanto necesitas.

»Pero debes mantenerte alerta, ya que una incubación puede tener también respuesta en forma de señales en la vida diaria, una conversación casual que oímos sin querer, la letra de una canción, un cartel de la carretera, la escena de una película, la contestación de alguien. Parece magia, pero no lo es, es tan solo energía en movimiento. Tener en la mente una pregunta o un propósito, ya sea en la noche justo antes de dormirse o durante la vigilia del día, es la mejor manera de estimular al inconsciente individual, para que se sumerja en el inconsciente universal (divino), o en el inconsciente colectivo (social). Esto se conoce como «*ENFOQUE*».

—¿Enfoque? —preguntó Nio, como exigiendo una explicación.

—El enfoque es la fijación de una idea en la mente, este va a activar una serie de acontecimientos que te llevarán a hallar las ansiadas respuestas a tus preguntas. Es lo que Jung llamó sincronicidad. Es imprescindible que mantengas ojo avizor, para asegurarte que sea la contestación a tu pregunta y no meras suposiciones, o espejismos producidos por la necesidad de encontrar dicha respuesta

—¿Como sabré que es la contestación?

—La respuesta está en la reacción emocional. Si cuando lees esa frase, una amiga te da una opinión, oyes esa canción o miras la escena de una película y sientes esa fuerte conmoción (confirmación), como que algo se mueve en tus entrañas, esa es la respuesta. Conectar con tu ser interior, lo que muchos llaman intuición, es mucho más certero que la explicación de la mente racional, mejor conocido como ego. De hecho, las personas están entrenadas para ahogar la intuición por toneladas de discursos racionales que impiden el aprovechamiento de la sabiduría interna y profunda que proviene del Ser Superior, a esto se le conoce como "disonancia cognitiva".

»Recuerda que cuando haces una pregunta al inconsciente, estás activando esa parte que es capaz de acceder tanto al inconsciente colectivo de la humanidad, como al inconsciente universal de Dios, es como un portal al infinito. La consciencia tiene limitaciones, el inconsciente en cambio, es ilimitado, lo único que lo limita es la consciencia. Por lo tanto, si vives en modo consciente, tus limitaciones no te dejarán ver la realidad o la verdad existente en las personas o situaciones, ya que las verás a través de los filtros de prejuicios, estereotipos e idealización. Afortunadamente cada noche el inconsciente tiene la oportunidad de brindarte información y asesoramiento para el viaje que el alma emprendió un día hacia Dios, el cual culminará con la muerte. Los sueños son la ventana que te permiten ver las cosas que Dios tiene preparadas para tu vida, es un inmenso tesoro del que dispones.

—Cuando hablas del inconsciente, ¿a qué te refieres?

—Existe el inconsciente individual o personal, (el otro yo o alter ego) por debajo del mismo está el inconsciente genealógico, el que te conecta con el árbol y el inconsciente universal, al que todos están conectados.

Debido a que el inconsciente no es lógico, sino intuitivo. Tratar de entender el inconsciente de una forma lógica, ya sea lineal o secuencial es incoherente. No es traducible, es totalmente caótico. La conciencia procesa la información usando el "análisis", que es el método de resolver un problema descomponiéndolo en piezas y analizando estas, una por una. En contraste, el inconsciente tiene la característica de procesar la información con "simultaneidad" conocido como intuición, dónde concibe las situaciones y las estrategias del pensamiento de una forma total. Integra todo tipo de información (sonidos, imágenes, olores, sabores y sensaciones) y los procesa como un todo.

—Ya veo, ¿me estás tratando de decir que el inconsciente controla los cinco sentidos del ser humano?

—En realidad el ser humano tiene más de cinco sentidos. Ese es dogma que está instaurado en el inconsciente colectivo, viene en realidad de la época griega, cuando el filósofo Aristóteles escribió "De Anima", donde dedicó uno de sus capítulos a la vista, otro al gusto, oído, tacto y olfato. Un origen romántico y digno de ser contado, pero dista mucho de dar explicación a algo tan complejo como la relación del cuerpo humano con el entorno y consigo mismo. El método utilizado por el inconsciente se ajusta al tipo de respuesta inmediata que se requiere en situaciones de peligro. Procesa la información usando "síntesis", en donde se resuelve un problema como un todo, intentando usar un método de relaciones para resolver el problema "como el hemisferio derecho". Por lo tanto, mantener una comunicación fluida entre la conciencia y el inconsciente es crucial para combatir los traumas y trastornos, y así finalmente llegar a alcanzar la sanidad del alma.

—Dices que debe haber comunicación entre la conciencia y el inconsciente. ¿Cómo puedo lograr tener esa comunicación? ¿Qué lenguaje habla el inconsciente?

—Debe ser a través de imágenes, es imperativo aprender a descifrar las imágenes.

—¿Tratas de decir que con el inconsciente solo es posible comunicarse a través de imágenes?

—Así es. De hecho, todos deberían aprender el lenguaje del inconsciente. Ya que el inconsciente es una base de datos colosal de tu vida, este ha archivado sucesos desde que el feto está siendo gestado en la matriz. Desde situaciones vividas por la madre, tales como trastornos físicos o emocionales, hasta los primeros segundos del alumbramiento, sin dejar escapar el más mínimo detalle. Por lo tanto, el inconsciente es un mundo hecho de imágenes, de metáforas y arquetipos. Aun los olores, sabores o sonidos, son codificados en imágenes por el inconsciente. Por lo tanto, ese es el lenguaje que entiende y con el que trata de comunicarse contigo a través de los sueños. En pocas palabras, él es tu aliado, pero debes de entenderlo.

—Si es mi aliado como dices, entonces, ¿por qué me muestra imágenes espantosas en forma de pesadillas? encima me despierta sumamente asustado y aún peor, estoy consciente pero no me puedo mover. Es una situación aterradora —dijo el joven frunciendo el ceño, dejando ver lo irritante que le parecía aquella situación.

—Entiendo tú incertidumbre —dijo el sabio mientras acariciaba su mentón, para tratar de estructurar una respuesta apropiada—, es de vital importancia saber cómo comunicarte con él. Este se te revela a través de sueños, gente que aparece en tu vida y otras señales. Te da cosas, o te manda mensajes.

—¿Sabes? la otra noche soñaba que con la mente creaba unos monstruos con aspecto demoníaco, pero a la vez con la misma mente creaba armas para destruirlos. En el sueño sentía que no podría con el monstruo en turno, ya que cada vez eran más poderosos y de peor aspecto. Sin embargo mi mente lograba crear un arma con más poder para destruirlos conforme se necesitaba y así fui destruyendo cada monstruo que aparecía sucesivamente. ¿Qué crees que me haya querido decir el inconsciente con ese sueño? ¿Crees que esté tratando de decirme de algún embrujo o algo parecido?

—Por supuesto que no —dijo entre risas, por la inocencia del chico, a la vez que se disculpó—. Perdón por la risa descontrolada, pero no pude evitarlo. ¡Por supuesto que no! Como ya te había dicho, ahí tu inconsciente te está tratando de comunicar un mensaje a través de una metáfora, ¿que querían hacerte esos demonios?

—¡Ellos me atacaban ferozmente, por lo que supongo pretendían hacerme daño!

—Sin embargo tu los derrotas con armas creadas por tu propia mente, ¿no es así?.

—¡Así es!

—Es una metáfora, donde los demonios representan los múltiples trastornos mentales tratando de destruir tu vida y tu mente dándote armas para destruirlos —era media noche y Tiksi quería que Nio empezara a forjar el habito de dormir de noche, por lo que le sugirió retirarse a la cama—. Bueno muchacho, ha llegado la hora de descansar. Mañana tendremos un día muy interesante.

Tiksi los guió hasta una cabaña campestre y los animó a alojarse de prisa. Una vez dentro del recinto, Tiksi se apresuró a apagar la lámpara, acto seguido escucharon un gran alboroto. Se trataba de un ejercito que marchaba por aquel sinuoso sendero. Muy temprano, cuando el alba estaba a punto de despuntar, se alistaron para emprender el camino. Al salir Nio de la cabaña, se percató que Tiksi los esperaba con tres corceles negros, ya ensillados.

—¡Andando, démonos prisa, que la acción está a punto de comenzar! —dijo Tiksi con apremio.

Montaron sus caballos y empezaron a galopar. Siguiendo por aquel árido camino, subieron una empinada colina. Aquel camino escabroso impidió el acceso a caballo, por lo que se vieron obligados a seguir a pie. Caminando no fue fácil aquella travesía. Nio llegó fatigado y emocionado por las expectativas que Tiksi le había despertado. A pesar de su delicadeza, para Nadezhda no representó mucho esfuerzo escalar por aquella tortuosa ladera. Al llegar a la cima, se acomodaron en la explanada del desfiladero, que les brindaba una vista panorámica de aquella llanura.

La llanura de Gaugamela fue el lugar que albergó una de las batallas más épicas de la historia antigua. Darío III, que había reclutado un numeroso ejército, fue quien la eligió por motivos estratégicos. Tiksi le mostró a Nio esta batalla como una gran partida de ajedrez, donde el trofeo era ni más ni menos que la conquista de un imperio. Dario intuía que Alejandro los podría envestir por sorpresa durante la noche, por su inferioridad numérica,ya que su superioridad era de diez a uno. Por tal motivo hizo que su ejército se mantuvo despierto toda la noche, esperando el ataque. Sin embargo, Alejandro y sus tropas descansaron. Por la mañana, los macedonios estaban más descansados. Antes de atacar, Alejandro ensillo su caballo, cabalgó frente a sus hombres y exclamó un discurso motivador. Él se autoproclamaba hijo de Dios, la reencarnación de Aquiles. Él estaba seguro de la victoria, esto incrementó la confianza de sus Tropas.

«Esto definitivamente tiene que ser un viaje a través del tiempo —pensó Nio, mientras observaba el campo de batalla, pero ya no se atrevió a decir nada».

Los macedonios se lanzan a la carga. Para sorpresa de Darío, Alejandro ordenó su ejército en formación oblicua. Con su ya comprobada Falange, esperaban a los persas, ya que tenían estudiada muy bien su táctica; de martillo y yunque. Los persas se formaron en linea recta, de frente al enemigo. La idea de Darío era causar un impacto emocional, debido a su superioridad y una vez empezado el combate, rodearlos. Sin embargo, el flanco derecho al mando de Alejandro hizo un movimiento sorpresivo; empezó a desplazarse hacia la derecha.

—¡Están locos! Dijo Nio al ver aquella maniobra.

—Ten paciencia —dijo el sabio—. Es un movimiento táctico, lo que Alejandro busca es romper las filas persas.

Al tiempo que Tiksi hablaba, Darío se vio sorprendido y mandó a su caballería contra el flanco derecho macedonio. Se abrió una brecha en el centro, Alejandro no desaprovechó el momento e hizo que su caballería diera media vuelta, las tropas persas quedaron turbadas. Las lanzas volaron por el aire alcanzando la caballería, fue una carnicería que liquidó toda la caballería persa que seguía a Alejandro. Dejando así desguarnecido todo el centro del ejército persa. Era el momento que Alejandro esperaba. Había utilizado de señuelo, intentar rodear a su enemigo, para que los persas lo siguieran. Alejandro se lanzó a la carga con sus hombres avanzando por el centro directamente a Darío. El líder persa se batió en huida al ver el avance decisivo de Alejandro, dejando a sus tropas a su suerte.

Una vez que estuvieron del otro lado de las filas enemigas, la caballería macedonia trituró al turbado ejército persa con su infalible estrategia del martillo y el yunque. Fue así como el joven rey macedonio, de 26 años, demostró tener todos los movimientos posibles de aquella partida de ajedrez perfectamente estudiados y además, contó con un ejército que ejecutó al momento y con maestría todas sus ordenes. Después de mostrarles aquella bélica escena, Tiksi los animó a emprender la partida gesticulando una seña con su mano derecha. Una vez más, los había sorprendido la noche, por lo que los condujo por un extraño atajo.

HIPGNOSIS 105

EL AQUERUSIA

El mar es la metáfora de las emociones, ya que las emociones pueden ser como el oleaje. En un momento el mar puede estar en calma, y sin previo aviso puede desatarse una tempestad. Así como el mar, las emociones pueden ser traicioneras si no se las conoce; Es como esa paz que puedes llegar a sentir en ciertos momentos, o puedes desbordar por felicidad y al mismo tiempo ser como una tempestad cuando te vuelves iracundo o, desenfrenado, y puedes ahogar a las demás personas o tú mismo. Así como el mar lleno de belleza y misterios, son las emociones. Ellos seguían el camino, parecía que nadie quería comentar lo acontecido durante el día, hasta que Nadezhda rompió el silencio con una interrogante:

—¿Recuerdas cuando leíste: «sobre toda cosa guardada, guarda tu corazón; Porque de él mana la vida. (Proverbios 4:23)»?

—Sí. ¿Qué tiene que ver ese texto con todo esto?

—Presta mucha atención, ya que pronto conocerás la relación entre el corazón y las emociones; eso te aclarará el significado de ese texto. Como te podrás dar cuenta, todo obedece a una incorrecta programación emocional.

—¿quieres decir, que podemos dominar nuestras emociones?

—No, las emociones no pueden ni deben ser

dominadas. Pues son innatas. Solo las debes programar correctamente, de ese modo, cuando la emoción se manifieste, esta fluirá por la ruta que se le tiene trazada.

—Entonces, ¿negarás el hecho de que hay personas que carecen de emociones? ¿O que nacen con ciertos patrones emocionales?

—Entiende lo siguiente, es imposible que un ser humano pueda vivir sin emociones. Ya que estas son esenciales para la supervivencia. Sin ellas los humanos no se levantarían de la cama, ni buscarían alimentos. Aún peor, el mundo no tendría todo el desarrollo y el avance que tiene en la actualidad.

—Ya veo, pero, me queda una duda, ¿emociones y sentimientos son lo mismo?

—No, no son lo mismo —continuó diciendo la chica, aquellos hermosos ojos acaramelados le brillaban, mientras aclaraba sutilmente su voz— muchos confunden las emociones con los sentimientos, por tener una relación muy estrecha los unos con los otros. Pero en realidad son dos cosas muy diferentes. Cabe destacar, que el debate en cuanto a la diferencia entre sentimientos y emociones, viene desde tiempos inmemoriales y ha sido un tema de controversia; pues son términos que se suelen confundir y utilizar de forma indistinta.

»Los sentimientos son abstractos e intangibles, van ligados a los pensamientos y necesitan de las emociones para ser manifestados en acciones. Es decir: los sentimientos son como el trampolín que potencian las emociones. Por ejemplo: tu reacción no será la misma si te enojas con un ser amado a cuando lo haces con alguien a quien odias, o tu reacción a un susto de algo que te sea indiferente, no será igual a algo o alguien a lo que le tengas pánico.

—¿Pero, acaso puede ser posible, programar las emociones?

—En realidad sería una reprogramación emocional —Nadezhda le explica como es posible reprogramar las emociones, con tal propiedad, que Nio, no podía hacer más que prestar atención con especial interés—. Cuando naciste, ya traías integradas tus emociones tal cual las tienes hoy en día. Solo que estaban vacías, sin datos a que responder. Desde niño tenías la habilidad de sentir y expresar emociones, tales como: felicidad, enojo, tristeza, miedo, etc. La convivencia de tu entorno familiar, tu circulo de amigos y escuela, fueron programando cada una de ellas. Suministrando datos y referencias para reaccionar ante diferentes situaciones.

»Te explicaré a que me refiero cuando digo que se fueron programando. Empecemos con el miedo; aprendiste a que tener miedo. Por ejemplo: tú y otra persona van de camino al trabajo, y se encuentran con una víbora. Tú le tienes pavor a dicho animal, sin embargo, tu acompañante no. ¿sabes a que se debe esta diferente percepción, siendo que es el mismo animal? Te explico: en algún momento de tu vida, tuviste alguna situación desagradable con dicho animal, o escuchaste advertencias de su peligro. Sin embargo, tu amigo fue expuesto positivamente con dicho animal, y aprendió que tomando ciertas medidas de precaución no corre peligro alguno. Este proceso de programación y adaptación lo viven todos los seres humanos. Se puede decir que las emociones son el efecto de ciertas causas. Por lo tanto, las emociones son comunes y universales en todo ser humano, pero no lo son las causas y las reacciones.

—¿Qué puedo hacer para reprogramar mis emociones? —preguntó el chico

—Percibo un ardiente deseo por superar tus temores Nio —exclamó Nadezhda, a la vez que le echó una mirada de complicidad al sagaz sabio y siguió diciendo con su usual tono de voz, dulce y armónico—. Sé varios métodos, de los cuales te revelaré algunos. ¿Alguna vez has estado en un simulacro de incendios?

—Sí, pero, ¿que tienen que ver los simulacros con las emociones?

—No te alarmes, yo te explico su relación con las emociones y como este sencillo truco puede ayudarte en su reprogramación. Como podrás darte cuenta, en un simulacro, se representa una situación caótica de modo controlado. De este modo, una situación que en la vida real desataría el pánico, al tratarse solamente de una simulación, inconscientemente se activa la amígdala, pero tu mente está consciente que aquello no es real. Es así, como el que dirige el simulacro reprograma el miedo que las personas sienten al fuego, de tal modo que cuando se presenta una situación real, las personas podrán seguir una ruta de evacuación sin tener que pensarlo. En el ejército hacen algo similar; someten a los reclutas a situaciones de estrés extremo, de un modo controlado, a fin de hacerlos inhibir el miedo en ciertas circunstancias. Esto se conoce como reflejo condicionado, el famoso descubrimiento de Iván Pavlóv, fisiólogo y psicólogo ruso. Igualmente puedes reprogramar todas y cada una de tus emociones. Algunos atletas, cuando no pueden superar alguna prueba, se sientan a meditar; mientras se imaginan superando tal prueba, empiezan a experimentar esas emociones que finalmente los llevan a alcanzar su cometido. Otro método es a través de las declaraciones y creencias.

—¿Declaraciones y creencias? Cuando hablas de creencias ¿Te refieres a las creencias religiosas? Y... ¿que son las declaraciones?

—Me refiero a mucho más que eso —Nadezhda, hizo una pausa e inhaló aire para empezar su explicación—. Las declaraciones generan creencias y las creencias crean nuevas declaraciones. Por esa razón debes tener mucho cuidado con lo que crees y lo que declaras, ya que puedes quedar atrapado en un círculo vicioso de autodestrucción, o en una rueda de bendiciones. ¿Recuerdas a Alejandro Magno?

—Sí —respondió el joven, y guardó silencio para dar paso a la explicación.

—Bueno, su madre se encargó de hacerle creer que no era un hombre como el resto de los mortales. Le decía que él era hijo de un dios; Pseudo Calístenes narra que la vinculación de Alejandro con el dios Amón y la posterior visita al oráculo están relacionada con su verdadero padre; el faraón egipcio Nectanebo II. Este huyó a Grecia al ser invadido su país nuevamente por los persas. Según el relato histórico, Nectanebo fue recibido en la corte de Filipo como "mago". Incluso Filipo llegó a acusar a la madre de Alejandro de adulterio. Por esa razón en el banquete, cuando se celebró la liga de Corinto, uno de los invitados de Filipo, dedicó un brindis por un heredero legítimo, acto que enojó en sobremanera a Alejandro. ¿Te imaginas? —preguntó la chica—. Un hijo fruto del adulterio, pero su madre encontró la forma de hacer de su infidelidad una creencia positiva para él. Ella inculcó en él una declaración positiva para fortalecer la creencia de que era un ser sobrenatural.

»De ese modo su inconsciente empezó a actuar en él, y así se fue destacando, haciendo que su proceder fuera como tal; diferente al resto de sus contemporáneos. Con cada acto, su creencia se confirmaba y su proceder incitó a las personas a proclamar más declaraciones. Se cuentan numerosas anécdotas desde su niñez, siendo la más referida aquella que narra Plutarco: Filipo había comprado un gran caballo al que nadie conseguía montar ni domar. Alejandro, aun siendo un niño, se percató de que el caballo se asustaba de su propia sombra y lo montó dirigiendo su mirada hacia el Sol. Tras domar a Bucéfalo, su padre le dijo: "Tendrás que buscarte otro reino, hijo mío, pues Macedonia no es lo suficientemente grande para ti" (declaración).

»Lisímaco, un profesor de letras bastante amable, se ganó el cariño de Alejandro llamándolo Aquiles (considerado un semidiós en la mitología griega). ¡Te imaginas! —exclamó con ánimos eufóricos Nadezhda—. ¿Qué en tu niñez te llamen como al héroe más respetado y reconocido de tu país, o como a un ser mitológico, en lugar de sobrenombres discriminatorios? Todo eso construyó en él una autoestima y una personalidad sólida. Tanto es así, que sus hazañas lo llegaron a convertir en un mito, y en algunos momentos, en casi una figura religiosa, posiblemente por la profunda convicción que manifestó a lo largo de su vida.

»Alejandro es el mayor de los iconos culturales de la Antigüedad, ensalzado como el más heroico de los grandes conquistadores, un segundo Aquiles (soldado y semidiós). Para los griegos, su héroe nacional y libertador. Sin embargo, Vilipendiado como un tirano megalómano que destruyó la estabilidad creada por los persas, para otros. Su figura y legado han estado presentes en la historia y la cultura, tanto de Occidente como de Oriente, a lo largo de más de dos milenios, y ha inspirado a los más grandes conquistadores de todos los tiempos, desde Julio César hasta Napoleón Bonaparte.

»Si tu madre te declara que eres inteligente, empezarás a actuar inteligentemente y harás que todo mundo empiece a decir que eres muy inteligente, esto favorecerá a que actúes cada vez con más inteligencia, de modo inconsciente. Es el principio de: empieza fingiendo y terminarás creyendo.

¿Recuerdas el versículo bíblico qué te mencioné cuando te empecé a explicar acerca de las emociones, donde se habla del corazón?

—¿Te refieres a proverbios 4:23?

—Efectivamente Nio. Pero no solo esa parte. Creo pertinente aconsejarte que consideres el contexto de dicho versículo y que hagas de él una máxima de vida: «Hijo mío, atiende a mis consejos; escucha atentamente lo que digo. No pierdas de vista mis palabras; guárdalas muy dentro de tu corazón. Ellas dan vida a quienes las hallan; son la salud del cuerpo. Por sobre todas las cosas cuida tu corazón, porque de él mana la vida. Aleja de tu boca la perversidad; aparta de tus labios las palabras corruptas. Pon la mirada en lo que tienes delante; fija la vista en lo que está frente a ti. Endereza las sendas por donde andas; allana todos tus caminos. No te desvíes ni a diestra ni a siniestra; apártate de la maldad.

(Proverbios 4:20-27)».

—¡Un momento! Si hablabas de las emociones, y repentinamente das un giro inesperado para hablar del corazón, puedo suponer que los estas relacionando —dijo el joven lleno de intriga, y remató su observación cuestionando la audacia de su aseveración—: ¿o me equivoco?

—De ninguna manera, de hecho, me sorprende lo asertiva que ha sido en tu observación. Permíteme decirte que esta relación entre corazón y emociones es la más antigua y universal, más común en nuestra cultura occidental. El hecho de sentir el corazón con sus latidos más enérgicos en el pecho, como también sentir muchas emociones como dolor, rabia, felicidad también en el pecho, hace que las personas superpongan o confundan las molestias propiamente cardíacas con las molestias o sensaciones provocadas por las emociones, en el mismo lugar.

»Esto conduce a muchas personas a consultas médicas por opresiones, puntadas, quemazón, saltos, hormigueos en la región precordial. Todos esos síntomas hacen que los pacientes se sientan enfermos del corazón, cuando paradójicamente están sanos del corazón, ya que un corazón débil o enfermo no resiste un tropel de esos. Por otro lado, se ha descubierto que el corazón contiene un sistema nervioso independiente y bien desarrollado con más de 50.000 neuronas y una compleja y tupida red de neurotransmisores, proteínas y células de apoyo.

—¿Quieres decir que el corazón es inteligente?

—Efectivamente, el corazón tiene un microcerebro, existen cuatro tipos de conexiones que parten del corazón y van hacia el cerebro de la cabeza. Gracias a esos circuitos tan elaborados, el corazón puede tomar decisiones y pasar a la acción independientemente del cerebro; y que puede aprender, recordar e incluso percibir.

—Ya veo —intervino el chico y luego le preguntó a modo de súplica—: ¿Me podrías decir cuáles son por favor?

—La primera es la comunicación neurológica, mediante la transmisión de impulsos nerviosos. El corazón envía más información al cerebro de la que recibe, es el único órgano del cuerpo con esa propiedad, y puede inhibir o activar determinadas partes del cerebro según las circunstancias.

—¿Significa eso que el corazón puede influir en nuestro comportamiento?

—Puede influir en tu percepción de la realidad y por tanto en tus reacciones. Es realmente sorprendente la influencia que tiene el corazón en el comportamiento. La segunda conexión: la información bioquímica mediante hormonas y neurotransmisores. El corazón es el que produce la hormona ANF, la que asegura el equilibrio general del cuerpo: la homeóstasis. Uno de sus efectos es inhibir la producción de la hormona del estrés y producir y liberar oxitocina, la que se conoce como hormona del amor. Tercera: la comunicación biofísica mediante ondas de presión. Parece ser que a través del ritmo cardíaco y sus variaciones el corazón envía mensajes al cerebro y al resto del cuerpo. Cuarta: la comunicación energética, el campo electromagnético del corazón es el más potente de todos los órganos del cuerpo; cinco mil veces más intenso que el del cerebro. Y se ha observado que cambia en función del estado emocional; cuando tenemos miedo, frustración o estrés se vuelve caótico.

—¿Y se ordena con las emociones positivas?

—Así es Nio. Y sabemos que el campo magnético del corazón se extiende alrededor del cuerpo entre dos y cuatro metros, es decir, que todos los que te rodean reciben la información energética contenida en el corazón.

—El circuito del cerebro del corazón es el primero en tratar la información que después pasa por el cerebro de la cabeza —intervino el sabio—, Nadezhda explícale qué significa todo eso —sugirió después de hacer su acotación.

—Hay dos clases de variación de la frecuencia cardíaca: una es armoniosa, de ondas amplias y regulares, y toma esa forma cuando la persona tiene emociones y pensamientos positivos, elevados y generosos. La otra es desordenada, con ondas incoherentes, las cuales aparecen con las emociones negativas; con el miedo, la ira o la desconfianza. Pero hay más; las ondas cerebrales se sincronizan con estas variaciones del ritmo cardíaco, en pocas palabras: el corazón arrastra a la cabeza. La conclusión es que el amor no es una emoción, es un estado de conciencia inteligente. Es una estrategia del instinto de reproducción; el cerebro del corazón activa en el cerebro de la cabeza centros superiores de percepción completamente nuevos, que interpretan la realidad sin apoyarse en experiencias pasadas. Este nuevo circuito no pasa por las viejas memorias, su conocimiento es inmediato, instantáneo, y por ello tiene una percepción totalmente nueva de la realidad.

—Parece ciencia ficción —dijo el chico.

—Está demostrado que cuando el ser humano utiliza el cerebro del corazón crea un estado de coherencia biológico, todo se armoniza y funciona correctamente, es una inteligencia superior que se activa a través de las emociones positivas.

—Pues parece que nadie lo utiliza —volvió a intervenir entre risas.

—Es un potencial no activado, pero empieza a estar accesible para un gran número de personas —dijo el sabio.

—¿Y cómo puedo activar ese circuito?

—Cultivando las cualidades del corazón: la apertura hacia el prójimo, el escuchar, la paciencia, la cooperación, la aceptación de las diferencias, el coraje —dijo la chica.

—¿Quieres decir qué seremos santos todo el tiempo?

—Es la práctica de pensamientos y emociones positivas. En esencia, liberarse del espíritu de separación y de los tres mecanismos primarios: el miedo, el deseo y el ansia de dominio, mecanismos que están anclados profundamente en el ser humano.

—¿Y cómo puedo librarme de ellos?

—Tomando la posición de testigo, observa tus pensamientos y emociones sin juzgarlos, y escogiendo las emociones que te hacen sentir bien. Debes aprender a confiar en la intuición y reconocer que el verdadero origen de las reacciones emocionales no está en lo que ocurre en el exterior, sino en tu interior. Cultiva el silencio, se feliz contigo mismo, contacta con la naturaleza, vive periodos de soledad, medita, contempla, cuida tu entorno emocional, trabaja en grupo, vive con sencillez y pregunta a tu corazón cuando no sepas qué hacer.

—El mundo ha silenciado la voz de la piedad

—dijo Tiksi.

Inesperadamente y sin saber como, Nio se percató que venían caminando por la misma avenida en la que se habían conocido. La hermosa gata parecía haber estado esperándolos. Al verlos llegar se alegró y saltó a los brazos del sabio. El joven se encontraba fascinado con sus nuevos amigos.

—¿Por qué no los conocí antes? —susurró entre suspiros.

A lo que Nadezhda le contestó:

—Siempre hemos estado cerca de ti, ayudándote, pero por lo regular quedábamos en el anonimato, ya que no nos querías ver.

—¡Qué! —exclamó con los ojos bien abiertos mientras giraba la cabeza de un lado a otro viendo a sus amigos. ¿Dices qué siempre me han ayudado? —increpó Nio a Nadezhda, con un tono algo irritado, y prosiguió—: no recuerdo haberlos visto en mi vida.

—Es difícil tratar de evocar el recuerdo de algo a lo que nunca le pusiste atención, a causa del dolor —musitó Tiksi.

Esas palabras activaron su memoria biográfica y poco a poco empezó a recordar cuando una bella joven se acercaba a él para darle consuelo en sus momentos de dolor. Después de perderse por un rato en sus recuerdos, preguntó:

—¿Creen que tengo la posibilidad de volverlos a ver, o donde los puedo encontrar?

—Nio, siempre estaremos cerca de ti cuando nos necesites.

Sus ánimos estaban exacerbados, aún no podía

creer que aquellos seres fantásticos hubieran estado siempre cerca, y él no se percató de su presencia. Su fascinación se vió interrumpida por muchas interrogantes. Lo carcomía la curiosidad por saber de qué se trataba todo aquello. ¿Quienes eran esos dos personajes? ¿Por qué lo conocían con tanta precisión, al grado de saber cosas que él hasta parecía haber olvidado? Guardó silencio mientras trataba de darle sentido a sus elucubraciones. Hasta que ya no se aguantó y preguntó:

—¿Qué o quiénes son ustedes? ¿de dónde vienen, pertenecen a esta dimensión? —Hizo una pausa, para dar lugar a una respuesta…

EL AUREA

El sabio se proponía esbozar una respuesta, cuando fue bruscamente interrumpido por el rugido estridente del motor del camión de aseo. Se oían los gritos de los trabajadores y el ruido de los botes de basura chocando violentamente contra el concreto, por la brusquedad al manipularlos. Todo ese alboroto llamó la atención de Nio. En un instante, la oscuridad se desvaneció y cedió su lugar a la radiante luz de un hermoso amanecer. Nio se asomó por la ventana para cerciorarse que se hayan llevado la basura de los botes que la noche anterior había acomodado al frente de su casa. Por un instante se olvidó de sus nuevos amigos. Cuando se acordó, los intentó buscar girando rápidamente la cabeza. No lo podía creer, le habían simpatizado tanto, pero súbitamente se habían esfumado. Algo aturdido sacudió la cabeza para tratar de despejar su mente de las sombras del letargo; todo se había tratado de un espléndido e inolvidable sueño. A diferencia de otros sueños lúcidos, que lo dejaban con una zozobra y una extraña congoja, este sueño lo hacía sentir una profunda paz.

Se quedó dormitando en la cama mientras meditaba en aquéllas sabias palabras que le habían dicho sus nuevos amigos durante la noche, en su sueño. Al principio no recordaba con claridad, pero poco a poco fue recuperando lo soñado. Ahora todo tenía sentido, había vivido una vida estresante, llena de sufrimiento, dolor y penas amargas, que habían ido creando un blindaje emocional, muy necesario en su momento. Pero la guerra tenía mucho tiempo de haber llegado a su fin, era necesario vestirse de gala. Era necesario despojarse de todas aquellas emociones tóxicas para revestirse de alegría y felicidad. Parecía una utopía toda la enseñanza de aquellos sabios. Sin embargo, sentía un impulso que lo estimulaba, como si sus amigos estuvieran junto a él.

—¿Sabes? Si yo lograra conseguir un trabajo, podría salir de esta ansiedad y depresión —empezó recordando que le dijo el joven al sabio.

—Te equivocas muchacho, es todo lo contrario. Si te sacudes esa depresión y la ansiedad, entonces tendrás la posibilidad de adquirir un trabajo.

Dejó de pensar por un momento en el sueño y recordó que aquel día tenía una entrevista de trabajo a la una de la tarde. A pesar de no sentir ánimos de levantarse, ya que apenas eran las ocho de la mañana, se vistió con ropa deportiva, se aseó y salió a correr por su vecindario. Treinta minutos más tarde regresó vigorizado y con una mejor actitud. Se dio una ducha con agua templada, como el sabio le había recomendado, comió y siguió recordando su sueño. Esperó que llegara la hora de la entrevista. La ansiedad de la noche anterior por aquella entrevista lo seguía atormentando, entonces recordó un truco de relajación que el sabio le había enseñado la noche anterior:

—Creo que aún no comprendes lo que es vivir

con esta condición —recordó que dijo algo irritado —. Cuando estoy poseído por la ansiedad, por más que lo intento, no puedo dejar de sentirme tenso y nervioso.

—Escucha muchacho, te enseñaré un truco psicológico (anclaje). Busca una canción que te haga sentir relajado, luego busca un lugar tranquilo y mientras la escuchas, junta la punta de tu dedo índice con la de tu dedo pulgar. Repite el proceso tantas veces te sea posible. Después cuando enfrentes una situación que te haga sentir ansioso, solo tendrás que juntar los dedos y te darás cuenta que como por arte de magia te sentirás relajado. Recuerda lo que dijo Louis Pasteur: «el azar favorece a los espíritus preparados».

Puso música relajante e hizo el ejercicio que el sabio le había recomendado. Él no esperaba que diera resultado tan pronto. Para su sorpresa, cuando estaba en la entrevista, juntó los dedos como en el ejercicio e increíblemente sintió una nueva actitud mental. Cuando estaba en la oficina ante el interrogativo de su entrevistador, fue asertivo de cabo a rabo. Aquel empleador sintió que Nio era el candidato perfecto para suplir la necesidad de su empresa. Cuando salió de aquel recinto, Nio volvió a rememorar las palabras del sabio:

—Nio, una impresión positiva proyecta aptitud para satisfacer la demanda laboral —la voz del sabio resonaban el la memoria del joven.

Al llegar la noche, pensar en su nueva aventura laboral le quitaba la tranquilidad.

HIPGNOSIS 122

—Tú dices que la solución para mis trastornos mentales es dormir, pero ¿y si no puedo dormir, como sanaré? al llegar la noche, tal cual me detallaste los síntomas, mi mente empieza a disparar uno tras otro pensamiento, como si se tratara de una ametralladora.

—Presta atención Nio, cualquier alteración del ritmo circadiano del sueño, trae consigo toda una cascada de problemas. La vida es como un préstamo y te exige el pago de la deuda con intereses. A cambio te ofrece nuevos préstamos para saldar la deuda, adquiriendo una deuda más y haciendo el préstamo cada vez más difícil de pagar. La memoria, atención, la capacidad de aprender e incluso el estado de ánimo, se ven afectados por un mal descanso. Aunque parte del origen de este problema llegó con la revolución industrial, la llegada de los dispositivos móviles e Internet lo han agudizado.

»Ahora bien, lo que nos dicen los estudios es que el mayor ladrón de descanso nocturno es el trabajo, la presión por la productividad, las complejas relaciones laborales así como la preocupación por conservar ese empleo van degradando la calidad del sueño. La sociedad se está habituando a dormir cada vez menos, sin embargo, no son conscientes de lo cansados que están. Para apaciguar el rumor de la mente y la tensión del cuerpo, nada mejor que hacer uso de técnicas de relajación, eso te ayudará a dormir mejor. Son fáciles, sencillas y eficaces; sin duda, vale la pena practicarlas cada noche antes de acostarte. También puedes darte una ducha tibia y tomarte una infusión de hierbas relajante antes de ir a la cama.

—¿Me podrías dar ejemplos de esas técnicas de relajación? —suplicó el joven.

—Existen múltiples ejercicios de relajación, que pueden ayudarte a conciliar el sueño. Para poder saldar esa deuda que tienes de descanso nocturno, nada mejor que hacer uso de estas técnicas. El entrenamiento autógeno es muy efectivo para el tratamiento de los trastornos de ansiedad y los trastornos psicosomáticos. Se centra sobre todo en focalizar la atención en las sensaciones físicas, para llevarlas después a un estado de relajación profunda y se realiza del siguiente modo: te acuestas en la cama, debes sentirte cómodo. Cierras los ojos y te centras en el brazo izquierdo. Repites mentalmente "el brazo izquierdo me pesa, me pesa mucho y lo noto caliente". Repites esta frase cinco veces hasta que físicamente percibes ese peso y ese calor. Una vez lo sientas, te dirás "ahora me siento relajado, ahora estoy completamente tranquilo". Seguidamente, respiras en profundidad y elevas ese brazo sintiendo su ligereza y su relajación. Luego sigues con otra parte del cuerpo y así sucesivamente.

»Otra técnica efectiva para liberarte del estrés y dormir mejor es sin duda la imagen guiada. Este ejercicio resulta útil tanto para favorecer la relajación como para tratar dolores físicos, puesto que se basa en la idea de que la mente y el cuerpo están conectados. Este lazo de poder es algo que puedes usar a tu favor en el día a día. Este ejemplo te puede ser de utilidad: te sientas en la cama, cómodo, tranquilo y relajado. Puedes hacer uso de música relajante, sonidos ambientales, melodías relajadas, etc. Ahora, pondrás en tu mente una imagen: un escenario de paz lleno de estímulos suaves, envolventes y relajantes. Puede ser una casa en un lago, un bosque, una isla, una pradera al atardecer. Tus sentidos deben ser receptivos a dichos estímulos: debes tratar de sentir el sol del atardecer en la piel, la frescura de la brisa, el olor del bosque, el sonido de los árboles mecidos por el viento, en fin, se trata de vivir el momento imaginado.

Después de haber practicado uno de aquellos ejercicios quedó profundamente dormido. Al siguiente día se presentó a su nuevo empleo, fresco y relajado, después de una buena noche de descanso. Efectivamente, sus pensamientos habían cambiado radicalmente. Sentía nuevas fuerzas. Su primer día no fue fácil, pero logró sortearlo con éxito. Súbitamente un temor interrumpió la alegría que lo embargaba. Por su condición, nunca había logrado retener un trabajo por más de tres meses. Según las leyes laborales, debe permanecer trabajando por seis meses continuos, para optar por los beneficios del trabajador. Por lo que él nunca había gozado de un día festivo remunerado. El miedo a perder su nuevo empleo, lo invadió, recordar todos los trabajos de los que había sido despedido en los primeros tres meses lo llenó de ansiedad. Por lo que las palabras del sabio volvieron a hacer eco en su mente:

—Nio, recuerda, entre más temes algo, más pronto se manifiesta. «Porque el temor que me espantaba me ha venido, y me ha acontecido lo que yo temía. No he tenido paz, no me aseguré, ni estuve reposado; No obstante, me vino turbación. (Job 3:25-26)»

Después de recordar aquellas sabias palabras, se llenó de valor y empezó a repetirse a sí mismo: ¡lo lograrás Nio! Los meses transcurrían y día a día, Nio ganaba en confianza.

—¿Qué harás el viernes Nio? —preguntó una compañera de trabajo, refiriéndose a un día festivo venidero.

El chico no tenía planes, aquella situación lo tenía sobrecogido. Por primera vez en su vida iba a recibir pago por un día libre.

—En realidad no he pensado en nada.

—Los compañeros hemos planeado hacer una carne asada en casa de…

Nio procedió a integrarse a la juerga. Aún no lo podía creer, llevaba siete meses reteniendo su trabajo y a su juicio, lo venía haciendo muy bien. El chico vivió un día inolvidable: disfrutando la compañía de sus compañeros, comida y bebidas, pero lo que más satisfacción le producía, era el hecho de estar ganando mientras disfrutaba. Entre días buenos y días mejores, el tiempo pasaba y Nio se sentía cada vez más confiado. Ese exceso de confianza rápidamente se convirtió en arrogancia, nublando su juicio y haciéndolo más propenso a equivocarse.

Pese a su arrogancia, todo parecía estar a su favor. Un día conducía, como ya se había vuelto costumbre, a exceso de velocidad. Mientras él se encontraba flotando felizmente en su pequeña burbuja de exceso de confianza, un policía de tránsito le indicó que detuviera el auto. Para el chico no era sorpresa, ya lo habían interceptado antes y había salido bien librado. Sin embargo, este policía fue contundente y le dio su infracción. El chico se había vuelto irresponsable de sus actos, por lo que engavetó aquella infracción de tránsito, sin darle mayor importancia.

Nio parecía haber olvidado a sus sabios amigos, su vida marchaba de lo mejor. La ansiedad se había vuelto un desagradable recuerdo. Aquellas noches de insomnio habían quedado atrás. No existía duda, su mejoría era notable, tanto emocional como intelectual y físicamente. Hasta que los problemas que se había venido acumulando, se manifestaron de golpe. El mismo día, le llegaron dos citatorios, uno civil y otro de migración. Una vieja disputa migratoria se había activado inesperadamente y su infracción de tránsito, impaga, se había vuelto una orden de arresto.

—¡Tiksi y Nadezhda! —pensó el chico, con un brillo de esperanza en su mirada—. Ellos podrían ayudarme definitivamente. Si hubieran sido reales, por supuesto —musitó desanimado.

—Piensa fríamente Nio —recordó que le dijo el sabio—. Primero analiza el problema con total imparcialidad. Busca que tu análisis siempre responda esta pregunta: ¿tiene solución este problema? Si la respuesta es No; debes aceptarla y afrontar las consecuencias. Si la respuesta es Sí;

debes planificar dicha solución y poner en marcha el plan que finalmente te sacará de aquel apuro. Sin importar cual sea la respuesta, preocuparte no ayudará. Sobre todo, nunca trates de solucionar todo a la vez. Siempre debes sopesar la magnitud de cada problema y los límites de tiempo que tengan. Finalmente has una lista de prioridades y empieza a ejecutar el plan.

Estos recuerdos ayudaban a Nio para tratar de guardar la compostura, ya que no era nada fácil su situación. Todas las noches se iba a la cama tratando de invocar a sus amigos; él sentía que Tiksi y Nadezhda seguramente le podrían proporcionar ideas para solventar sus problemas. Otra vez se encontraba en aquella complicada tesitura, que creía y deseaba no volver a enfrentar. Sus noches volvieron a ser tenebrosas y el insomnio se volvió a posar en su recámara. Después de analizar su situación, concluyó que necesitaría más dinero para pagar servicios legales, por lo que empezó a trabajar a doble jornada. Gracias a los consejos de sus amigos logró solventar el citatorio civil. Ahora había que enfrentar a migración.

—Siempre estaremos cerca de ti cuando nos necesites —recordó que le dijeron sus amigos, al despedirse.

—¡Qué nefelibata soy! ¿Cómo fui a creer en un estúpido sueño? —vociferó lleno de rabia, mientras intentaba dormir.

Con un esfuerzo sobrehumano logró pagar los gastos legales para salir de sus problemas civiles, también pagó el vuelo para presentarse a la corte de migración y los gastos del abogado. La situación lo había rebasado completamente y su ansiedad se había disparado al cien. El insomnio lo mantenía como zombie. Su aspecto físico era deplorable, su humor era un caos. Las consecuencias de aquel estado de ansiedad empezaron a llegar. Como no dormía lo necesario, empezó a llegar tarde a su trabajo. No lograba concentrarse, empezó a cometer muchos errores y su producción decayó. Después de varias advertencias, un día fue citado a la oficina.

—Nio, empezaste muy bien; eras muy listo, rápido e innovador. ¿Dónde quedó todo eso? —preguntó su jefe.

—No sé lo que me ésta pasando —dijo Nio, ocultando sus problemas, ya que creía que si su jefe se enteraba, se podría decepcionar y despedirlo—. Pero le prometo que mejoraré mi rendimiento.

—Creeme muchacho, yo deseo seguir apoyándote, pero comprende mi situación, yo también tengo jefes a mis espaldas y no puedo seguir arriesgando mi trabajo para conservar el tuyo. No me queda más que agradecer tus servicios.

—Lo entiendo —dijo Nio, con una mirada perdida—. Gracias a usted por la oportunidad —dijo y salió de la oficina cabizbajo.

Al salir, sus compañeros estaban expectantes. No daban crédito a lo que estaban contemplando. El mejor trabajador de la planta había sido despedido. En el ambiente se respiraba un cóctel de emociones; tristeza para sus admiradores y alegría su detractores.

Con los ojos perdidos en una cortina lacrimal, se despidió de sus compañeros, tomó sus cosas y se largó. Condujo a casa en automático, sin saber lo que hacía. Mientras manejaba empezó a pensar como hacer para salir de aquél apuro, sentía muchos deseos de llegar y tirarse a la cama a dormir. Al llegar a su casa, su realidad lo golpeó de frente; recordó que no podía dormir. Como dicen muchos: "los problemas nunca llegan solos". A pocas semanas de haber perdido su trabajo, el concesionario le quitó el auto. El chico pensó que todo estaría bien, un trabajo cerca de casa le vendría de maravilla. Dos días después, le llega una carta de desalojo. El turbado chico se sintió desfallecer.

—Todo está en tu mente Nio —recordaba las palabras del sabio—. Imagina a tu inconsciente como un inmenso almacén oscuro, donde cohabitan el bien y el mal y a tu consciencia es la lámpara que ilumina al inconsciente. Por lo tanto, debes saber elegir lo que vas a iluminar con tu consciencia y no dejar que otros dirijan tu lámpara. La lámpara del cuerpo es el ojo; cuando tu ojo es bueno, también todo tu cuerpo está lleno de luz; pero cuando tu ojo es maligno, también tu cuerpo está en tinieblas. Mira pues, no suceda que la luz que en ti hay, sea tinieblas. Así que, si todo tu cuerpo está lleno de luz, no teniendo parte alguna de tinieblas, será todo luminoso, como cuando una lámpara te alumbra con su resplandor. (S. Lucas 11:34-36)».

—¡Claro, eso es, tengo que mantener la cabeza fría! —dijo con una euforia fugaz.

Los días pasaban como agua entre sus dedos. Nio puso en marcha las recomendaciones del sabio e iba saliendo poco a poco de sus problemas, al tiempo que empezó a abortar la idea de reencontrarse con sus fantásticos amigos. Desesperado, Nio le comentó sus problemas a un amigo, quien le ofreció alojo temporal. Cuando se instaló en casa de su amigo, encontró un trabajo precario, donde ganaba la mitad de su sueldo anterior. Esto fue oxígeno fresco para Nio. Aquellas palabras siempre hacían eco en la mente del chico.

—No lo olvides Nio, mantén pensamientos positivos.

Le parecía oír la voz audible del sabio. Pero al girarse para buscarlo, no había nadie. Poco a poco, Nio se fue acomodando a su nueva vida. Recordaba que el sabio le había dicho: la solución a tu problema es dormir. Por lo que procuraba dormir y practicar los ejercicios de relajación que le habían enseñado. Las cosas parecían ir mejorando, pero él parecía haber tirado la toalla. A él le parecía estar vegetando y que el tiempo transcurría sin sentido. A pesar de estar en esta situación tan apretada, sentía la alegría de haber conocido a Brenda y Tiksi.

—Ojalá pudiera volver a soñar con ellos — pensaba, mientras leía un texto bíblico: «Abatida hasta el polvo está mi alma; Vivifícame según tu palabra. Te he manifestado mis caminos, y me has respondido; Enséñame tus estatutos. Hazme entender el camino de tus mandamientos, Para que medite en tus maravillas. Se deshace mi alma de ansiedad;

Susténtame según tu palabra. Aparta de mí el camino de la mentira, Y en tu misericordia concédeme tu ley. (Salmos 119:25-29).» Luego realizó un ejercicio de relajación, al terminar el ejercicio se quedó profundamente dormido.

HIPGNOSIS 133

DEDICATORIA

Este trabajo lo dedico a Dios primeramente, por darme la oportunidad de vivir este maravilloso sueño y por estar conmigo en cada paso que di. Por fortalecer mi corazón e iluminar mi mente. Gracias por haber puesto en mi camino a aquellas personas que han sido mi soporte y compañía durante esta gran aventura.

A mi madre, Brenda Azucena Zúniga, por darme la vida y quererme mucho. Por su ardua lucha por sacarnos adelante. Porque siempre me apoyó. ¡Donde quiera que estés: Madre, gracias por darme la vida, todo esto te lo debo a ti!

A mi prima Mónica Diaz, por su fe en mí. Por creer en mí y exaltar siempre mi sabiduría. Fue motivo de inspiración en mi vida. Compartir tantos momentos de alegría y tristeza juntos, fue un hecho que marcó mi vida positivamente. Mi madre y mi prima, fueron dos mujeres excepcionales que dejaron una huella imborrable en mí. Por esa razón dedico esta obra a sus memorias.

A mi tía Josefina Diaz, la mujer que inculcó en mí el hábito de la lectura y la elocuencia. Siempre hizo hincapié en la ortografía y la prosodia. Gracias tía por todos sus consejos, por toda esa sabiduría que me transmitió. Cómo olvidar eso tremendos debates que manteníamos justo antes de dormir. ¡Ojalá nos veamos pronto!

HIPGNOSIS 135

AGRADECIMIENTO

A Celia Morfín, una gran amiga. Quien creyó en mi proyecto de principio a fin. Muchas gracias por tu apoyo incondicional.

Betzayda Rivera, el más profundo agradecimiento por tu ayuda en el embellecimiento del texto. Y cómo olvidar esa aportación que me brindaste en la construcción de la alegoría del querubín.

¡Gracias por el apoyo Isabel Chace! Por tu colaboración para embellecer el texto. Tu ayuda fue breve, pero de suma importancia.

Alva Medina, gracias por tu aporte, especialmente por el anagrama.

Finalmente, a todos y cada uno de mis amigos que me brindaron su valioso tiempo; leyendo fragmentos del libro y dándome sus valoraciones. ¡A todos ustedes, muchas gracias!

https://www.facebook.com/EZeim

Made in USA - North Chelmsford, MA
1057336_9781096261759
03.19.2020 2122